PLANEJAMENTO E CONTROLE DA PRODUÇÃO

2ª edição
Revisada e atualizada

PLANEJAMENTO E CONTROLE DA PRODUÇÃO

2ª edição
Revisada e atualizada

Idalberto Chiavenato

Manole

Título da edição anterior: *Iniciação ao Planejamento e Controle da Produção*
Capa: Rex Design
Projeto gráfico: Departamento Editorial da Editora Manole
Editoração eletrônica: Luargraf M.E.

Este livro contempla as regras do Acordo Ortográfico da Língua Portuguesa de 1990, que entrou em vigor no Brasil.

Dados Internacionais de Catalogação na Publicação (CIP)
(Câmara Brasileira do Livro, SP, Brasil)

Chiavenato, Idalberto
Planejamento e controle da produção /
Idalberto Chiavenato. – 2. ed. –
Barueri, SP : Manole, 2008.

ISBN 978-85-204-2742-2

1. Controle de produção 2. Produção - Planejamento I. Título.

08-02119 CDD-658.503

Índices para catálogo sistemático:
1. Planejamento da produção : Administração de empresas 658.503
2. Produção : Planejamento : Administração de empresas 658.503

2ª Edição – 2008
Reimpressão – 2011
Reimpressão – 2012
Reimpressão – 2014

Editora Manole Ltda.
Av. Ceci, 672 – Tamboré
06460-120 – Barueri – SP – Brasil
Tel.: (11) 4196-6000 – Fax: (11) 4196-6021
www.manole.com.br
info@manole.com.br

Impresso no Brasil
Printed in Brazil

À Rita,
simplesmente à Rita, com toda a ternura
que consigo transmitir.

Sobre o autor

Idalberto Chiavenato, conhecido e respeitado autor nacional na área de administração de empresas e de recursos humanos, é graduado em Filosofia, com especialização em Pedagogia e Psicologia Educacional pela USP, em Direito pela Universidade Mackenzie e pós-graduado em Administração de Empresas pela EAESP-FGV. É mestre (MBA) e Doutor (Ph.D.) em Administração pela City University of Los Angeles, Califórnia, EUA. Foi professor da EAESP-FGV, como também de várias universidades no exterior, e consultor de empresas. Sua bibliografia é extensa e de grande destaque no mercado. Ostenta dezessete livros sobre administração traduzidos para a língua espanhola e recebeu vários prêmios e distinções por sua atuação na área de administração geral e de recursos humanos.

Site do autor: www.chiavenato.com

Prefácio

Lidar com organizações e empresas não é uma tarefa fácil nem imediata. Não existem regras ou leis para a gestão. A administração está se configurando como uma atividade complexa, situacional e repleta de desafios, incertezas e dependências com tudo o que ocorre no contexto ambiental que envolve as organizações e empresas. Mercados, contingências econômicas, estratégias dos concorrentes, o impacto da globalização, as recorrentes políticas governamentais são apenas alguns dos aspectos externos que influenciam poderosamente o destino e o comportamento das organizações e empresas. Contudo, quando se mira o núcleo íntimo das organizações e empresas – lá dentro, onde ocorre a execução das tarefas relacionadas com a produção de bens e de serviços –, é possível utilizar uma visão mais prática, normativa e até mesmo prescritiva para explicar o seu funcionamento. É o que pretendemos fazer aqui: proporcionar uma abordagem introdutória ao planejamento e controle da produção.

No mundo moderno, a administração – no âmbito das empresas, das organizações ou das próprias nações – tornou-se o desafio fundamental para o aumento da riqueza e da competitividade. Na verdade, não existem países pobres ou ricos, mas simplesmente países mal e bem administrados que sabem extrair o máximo dos recursos disponíveis. Os recursos produtivos – recursos naturais ou humanos – estão aleatoriamente distribuídos pelo planeta. A sua administração é que está mal distribuída, pois nem todos os países contam com talentos administrativos suficientes para com eles produzir riqueza, gerar valor e proporcionar desenvolvimento.

Afinal, toda empresa existe para produzir algo. A produção de algo – produtos, serviços, conveniências, entretenimento, informação – é um dos objetivos básicos de toda empresa. Assim, um dos aspectos vitais da moderna administração é o planejamento e controle da produção.

Faço votos de que este livro possa proporcionar uma iniciação básica ao assunto.

Idalberto Chiavenato

Sumário

Capítulo 1

Produção

Tópicos deste capítulo

- Introdução
- As empresas
- Mercadorias e serviços
- Sistemas de produção
- Fatores de produção e recursos empresariais
- Capital financeiro e capital econômico
- Questões para revisão
- Exercícios

Introdução

Vivemos em uma sociedade de organizações. O mundo moderno é constituído de organizações. Isso significa que nascemos em organizações, crescemos em organizações, aprendemos em organizações, fazemos esportes e lazer em organizações, trabalhamos em organizações e até para morrermos dependemos delas. Quase tudo – se não tudo – é projetado, criado, produzido e distribuído por organizações. Elas são tão numerosas e diversificadas que quase não percebemos sua presença: indústrias, comércio, escolas e universidades, empresas financeiras, clubes, repartições públicas, empresas estatais, exército, igreja, hospitais etc. Na prática, as organizações existem para produzir alguma coisa e disponibilizá-la para a sociedade. A produção é o objetivo fundamental de toda e qualquer organização.

AS EMPRESAS

As empresas também são organizações. Na realidade, as empresas são organizações sociais porque são compostas de pessoas que trabalham em conjunto. Uma melhor definição diria que as empresas são organizações sociais que utilizam recursos e competências específicos para atingir determinados objetivos. Elas exploram um determinado negócio visando a determinado objetivo. O objetivo pode ser o lucro ou simplesmente o atendimento de determinadas necessidades da sociedade (como nas empresas não lucrativas), sem a preocupação com o lucro.

As empresas nascem, crescem e até podem morrer, como qualquer organismo vivo. Na medida em que são bem-sucedidas em relação aos seus objetivos, as empresas tendem a sobreviver. Se o sucesso é maior, elas tendem a crescer. Sobrevivência e principalmente crescimento são sinais de sucesso empresarial.

As empresas podem ser classificadas de acordo com alguns atributos, a saber: sua propriedade, seu tamanho e seu tipo de produção.

Classificação quanto à propriedade

Quanto ao proprietário, isto é, quanto a quem detém o poder de comando e decisão, as empresas são classificadas em:

- ✓ *Empresas estatais*: são de propriedade do Estado. Constituem o chamado setor público e seu objetivo é o bem-estar social. Por isso, são empresas não lucrativas, voltadas para o benefício da sociedade em geral. Exemplos: Caixa Econômica Federal, as Caixas Econômicas estaduais etc.
- ✓ *Empresas privadas*: são de propriedade de particulares. Fazem parte da iniciativa privada e constituem o chamado setor privado. Seu principal objetivo é o lucro. Exemplos: Banco Itaú, Volkswagen, General Motors, Pão de Açúcar etc.
- ✓ *Empresas mistas*: são as sociedades por ações de participação pública e privada, simultaneamente. Geralmente, a União, o Estado ou o municí-

pio são os sócios majoritários, detendo a maioria das ações e, portanto, o controle acionário e administrativo. São empresas que prestam serviços de utilidade pública. Exemplos: Petrobras, Banco do Brasil etc.

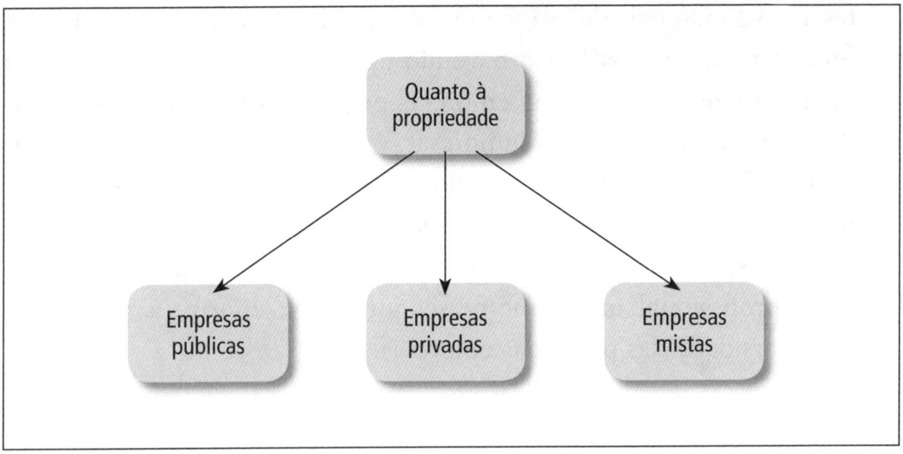

Figura 1.1 – Classificação das empresas quanto à propriedade.

Classificação quanto ao tamanho

O tamanho representa o porte da empresa e o volume de recursos de que ela dispõe para suas atividades. Quanto ao tamanho, as empresas podem ser classificadas em:

- *Empresas grandes*: são aquelas de grande porte e de enorme volume de recursos (tamanho das instalações, volume de capital envolvido, número de empregados). Essas empresas, em geral, possuem mais de quinhentos empregados. Exemplos: Vale, Banco Itaú, Petrobras etc.
- *Empresas médias*: são aquelas de porte intermediário e de volume razoável de recursos. Possuem de cinquenta a quinhentos empregados. As empresas médias são conhecidas em sua região, mas praticamente desconhecidas em nível nacional ou global.

- *Empresas pequenas*: são aquelas de pequeno porte, pequeno volume de recursos e com um número de empregados inferior a cinquenta. Na pequena empresa, ocorre um fenômeno interessante: o administrador – geralmente o proprietário – enfeixa o comando de todas as diferentes áreas funcionais da empresa (como a área comercial, de produção, financeira, de pessoal), não havendo um segundo nível diretivo para essas responsabilidades. As empresas pequenas quando menores podem ser chamadas de miniempresas: é o caso de empresas com menos de dez empregados. Quando menores ainda, são denominadas microempresas. Há até o caso das chamadas empresas individuais: as empresas com apenas uma pessoa, a qual oferece seus serviços não como profissional, mas como pessoa jurídica. É enorme a quantidade e a diversidade das pequenas empresas.

As maiores empresas do Brasil em 2007 (em vendas)

Empresas privadas:	Empresas públicas:
Ambev	Petrobras
Ipiranga	BR Distribuidora
Volkswagen	Refap
Telemar	Cemig Distribuição
Telefônica	Empr. Correios e Telégrafos
Vale	Eletrobrás
General Motors	Sabesp
Shell	Furnas
Fiat	Copel Distribuição
Brasken	Chesf
Brasil Telecom	Transpetro
Chevron	Eletronorte
Ford	Cefesc
Pão de Açúcar	Liquigás
Casas Bahia	Cemig GT

Figura 1.2 – As dez maiores empresas privadas e estatais do Brasil, por vendas, em 2007. Fonte: Exame (2007).

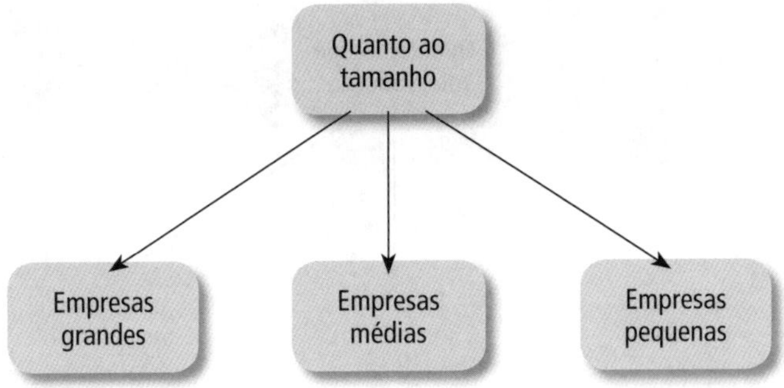

Figura 1.3 – Classificação das empresas quanto ao tamanho.

Classificação quanto ao tipo de produção

Quanto ao que produzem, as empresas podem ser classificadas em:

- *Empresas primárias ou extrativas*: são aquelas que desenvolvem atividades extrativas, como as agrícolas, pastoris, de pesca, de mineração, de prospecção e extração de petróleo, as salinas etc. São chamadas primárias porque se dedicam basicamente à obtenção e extração de matérias-primas, o elemento primário de toda a produção.
- *Empresas secundárias ou de transformação*: são aquelas que processam as matérias-primas e as transformam em produtos acabados. São as empresas produtoras de bens (ou mercadorias), isto é, de produtos tangíveis ou manufaturados. Aqui se incluem as indústrias em geral, quaisquer que sejam seus produtos finais.
- *Empresas terciárias ou prestadoras de serviços*: são aquelas que executam e prestam serviços especializados. Aqui se incluem os bancos, as financeiras, o comércio em geral, os hospitais, as escolas e universidades, os serviços de comunicações (rádio, TV, imprensa, telefonia, internet etc.), e toda a extensa gama de serviços realizados por profissionais liberais (como advogados, contabilistas, engenheiros, médicos, dentistas, consultores etc.).

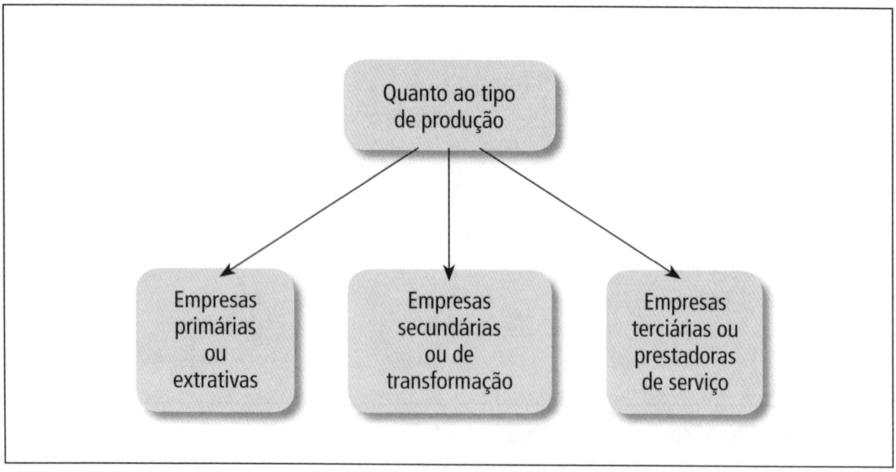

Figura 1.4 – Classificação das empresas quanto ao tipo de produção.

A participação das empresas terciárias no Produto Nacional Bruto brasileiro é percentualmente menor do que a das empresas primárias e secundárias. Todavia, a quantidade das empresas terciárias sobrepuja de longe a quantidade de empresas primárias e secundárias.

As três classificações aqui apresentadas não se excluem. Ao contrário, elas se completam e se interpenetram. Assim, pode haver uma empresa pública, grande e terciária, como a Telebrás. Ou uma empresa privada, grande e secundária, como a Ford. Ou uma empresa mista, grande e simultaneamente primária (extrativa e prospectiva), secundária (refinadora) e terciária (distribuidora), como a Petrobras.

Mercadorias e serviços

Verificamos que as empresas podem ser classificadas quanto ao tipo de produção em empresas primárias (ou extrativas), secundárias (ou de transformação) e terciárias (ou prestadoras de serviços). Essa classificação ainda pode ser desdobrada. Em outros termos, as empresas primárias e secundárias produzem bens (ou mercadorias), enquanto as empresas terciárias produzem serviços.

Bem ou mercadoria é um produto físico e tangível. Algo que se pode ver, manipular ou usar. Os bens podem ser destinados ao consumo ou à produção de outros bens. Quando destinados ao consumo (bens de consumo), isto é, ao mercado consumidor, são comercializados pelo comércio, pelas lojas, pelos supermercados etc. Os bens de consumo podem ser duráveis (quando têm uma existência relativamente longa, como automóveis, eletrodomésticos, roupas etc.) ou perecíveis (quando têm uma durabilidade relativamente curta, como hortifrutigranjeiros, laticínios com prazo curto de utilização, a maioria dos alimentos etc.).

Quando destinados à produção de outros bens ou serviços, são chamados bens de produção. É o caso de máquinas e equipamentos, tornos, prensas, teares, escavadeiras, ônibus etc. São bens que permitem a produção de outros bens ou serviços. Os bens de produção recebem o nome de bens de capital quando integram o patrimônio da empresa.

Muitas vezes, um mesmo bem pode ser dirigido ao consumo ou à produção. É o caso, por exemplo, de um computador que pode ser comprado por um usuário comum para o seu próprio uso ou diversão (bem de consumo) ou ainda ser comprado para integrar o escritório de uma empresa (bem de produção). Ou o caso de um automóvel que pode ser comprado para atender ao bem-estar de um consumidor (bem de consumo) ou para ser utilizado como táxi (bem de produção). O importante é que os bens de consumo são destinados ao mercado consumidor por meio de canais de distribuição específicos, enquanto os bens de produção são destinados ao mercado empresarial por meio de outros canais de distribuição.

Além dos bens, as empresas podem produzir serviços, como é o caso das escolas e universidades, os escritórios de advocacia, de engenharia, de contabilidade, de propaganda e publicidade, os hospitais, os bancos e as financeiras, as lojas e o comércio em geral, as exportadoras etc. Serviços são atividades especializadas imprescindíveis à vida das pessoas, das empresas e da sociedade em geral.

Bens (mercadorias) ou serviços (atividades especializadas) são os produtos (resultados) das empresas em consequência de suas atividades e

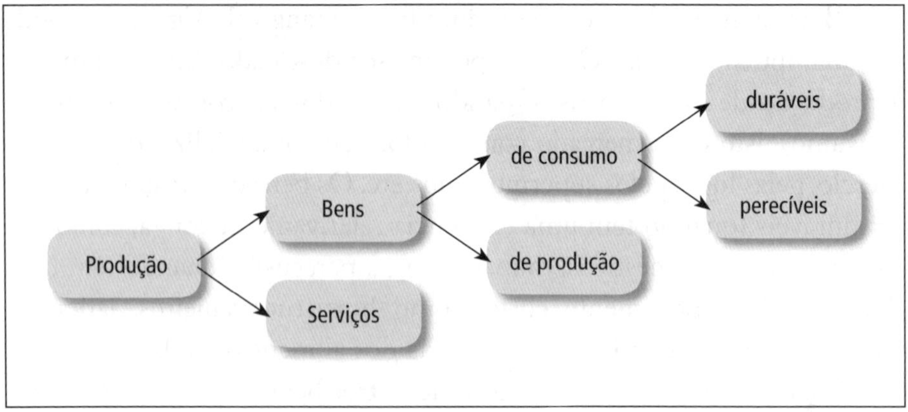

Figura 1.5 – A produção de bens ou de serviços.

operações de produção. Assim, a produção é a atividade de produzir, enquanto o produto/serviço é o resultado dessa atividade produtiva. Tanto quanto as organizações, as empresas existem para produzir alguma coisa. Seja produzindo bens seja prestando serviços, as empresas utilizam sistemas de produção, os quais serão analisados a seguir.

Sistemas de produção

Para alguns autores, as empresas são compreendidas como sistemas. Um sistema pode ser definido como um conjunto de partes inter-relacionadas que existem para atingir um determinado objetivo. Cada parte do sistema pode ser um órgão, um departamento ou um subsistema. Em outras palavras, todo sistema é constituído de vários subsistemas.

Todo sistema faz parte integrante de um sistema maior (o supra-sistema ou macrossistema). Dependendo da focalização que se queira utilizar, uma empresa pode ser considerada um sistema composto de vários departamentos (subsistemas) e fazer parte de um sistema maior, que é a própria sociedade da qual faz parte. Assim, qualquer sistema pode ser considerado um subsistema de um sistema maior ou um macrossistema constituído de vários sistemas, de acordo com o interesse da focalização.

As inter-relações entre as partes são as comunicações ou interdependências. O conceito de sistemas já foi amplamente discutido em Chiavenato (2004).

Os sistemas podem ser classificados em sistemas fechados ou abertos. Os sistemas fechados (ou mecânicos) funcionam dentro de relações predeterminadas de causa e efeito (modo determinístico) e mantêm um intercâmbio também predeterminado com o ambiente. Determinadas entradas produzem determinadas saídas, como é o caso das máquinas e dos equipamentos: uma certa quantidade de entrada de matérias-primas produz uma determinada saída de produtos acabados. Nos sistemas fechados, existem poucas entradas e saídas, que são bem conhecidas e determinadas. Todos os mecanismos tecnológicos são sistemas fechados.

Os sistemas abertos (ou orgânicos) funcionam dentro de relações de causa e efeito desconhecidas e indeterminadas (de modo probabilístico) e mantêm um intercâmbio intenso, complexo e indeterminado com o ambiente. Nos sistemas abertos, existe uma infinidade de entradas e de saídas não muito bem conhecidas e indeterminadas, o que provoca a complexidade e a dificuldade de mapear o sistema.

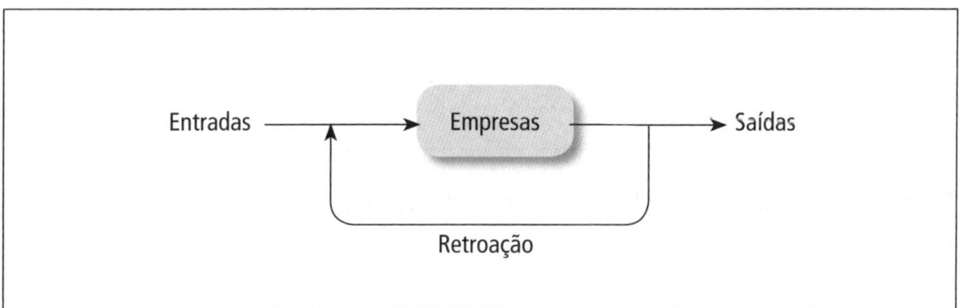

Figura 1.6 – A empresa como um sistema aberto.

Na realidade, as empresas são sistemas abertos em constante intercâmbio com seu ambiente. As empresas importam recursos do ambiente através de suas entradas, processam e transformam esses recursos e exportam o resultado desse processamento e transformação de volta ao ambiente por meio de suas saídas. A relação entradas/saídas fornece a indicação de eficiência do sistema. Isso significa que quanto maior for o volume de saídas para um determinado volume de entradas, mais eficiente será o sistema. Por sua vez, a eficácia do sistema reside na relação entre suas saídas e o alcance dos objetivos que o sistema almeja. Isso significa que quanto mais as saídas alcançarem os objetivos propostos, mais eficaz será o sistema.

Vimos que cada sistema é constituído de várias partes, isto é, de vários subsistemas. Imaginemos uma indústria (empresa secundária) que se dedica à produção de tecidos. Seu sistema de produção poderia ser entendido como um sistema constituído dos seguintes subsistemas (ou seções):

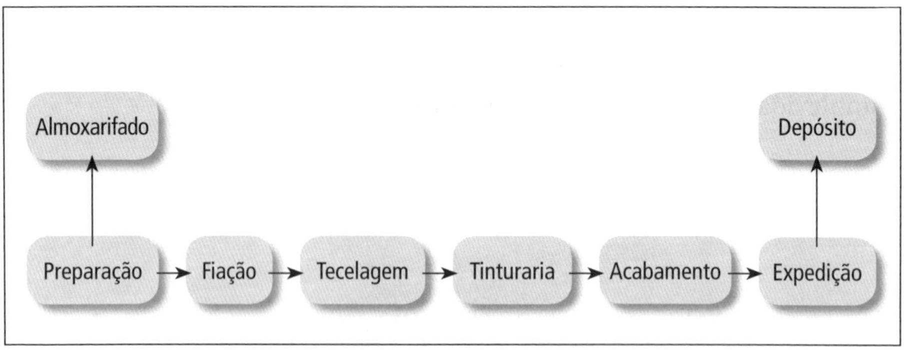

Figura 1.7 – Os subsistemas do sistema de produção de uma empresa têxtil.

Cada subsistema tem as suas entradas e saídas, de tal modo que as saídas de um subsistema constituem as entradas do subsistema seguinte, e assim por diante. Existe uma interdependência entre os diversos subsistemas, fazendo com que cada um dependa do outro para poder funcionar.

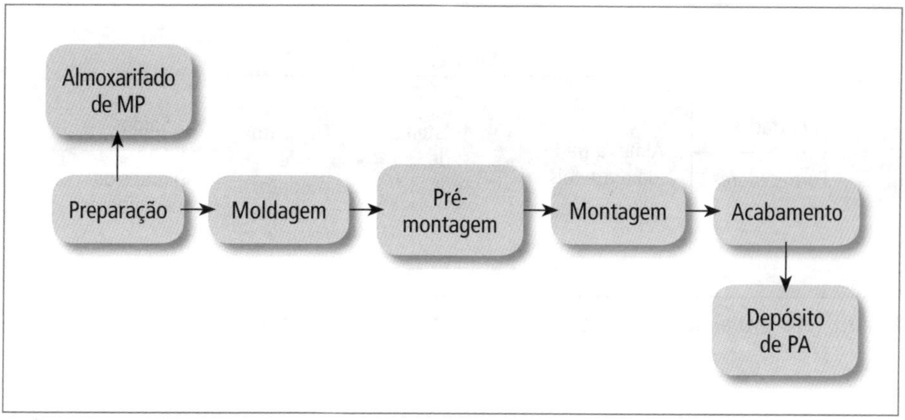

Figura 1.8 – Os subsistemas do sistema de produção de uma empresa fabricante de peças plásticas.

Da mesma forma, há também uma interdependência entre os diversos sistemas. A empresa depende de vários fornecedores para garantir as suas entradas e depende dos clientes e consumidores para garantir as suas saídas.

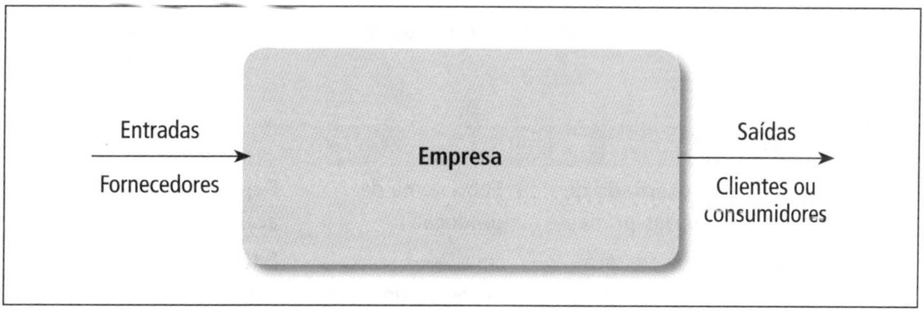

Figura 1.9 – A empresa e suas interdependências.

Na realidade, o sistema empresarial pode ser mais bem detalhado se incluirmos nele o almoxarifado de materiais e matérias-primas, o subsistema de produção e o depósito de produtos acabados, da seguinte maneira:

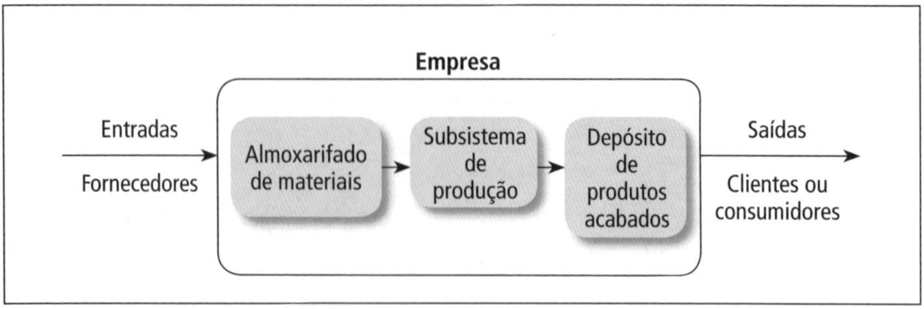

Figura 1.10 – O almoxarifado, o subsistema de produção e o depósito.

Isso significa que as entradas e os insumos que vêm dos fornecedores ingressam no sistema empresarial pelo almoxarifado de materiais e matérias-primas, sendo ali estocados até a sua eventual utilização pelo subsistema de produção. O subsistema de produção processa e transforma os materiais e as matérias-primas em produtos acabados, os quais são estocados no depósito de produtos acabados até a sua entrega aos clientes e consumidores. A interdependência entre o almoxarifado, o subsistema produtivo e o depósito é muito grande, fazendo com que qualquer alteração em um deles provoque influências sobre os demais. Trata-se de três subsistemas intimamente inter-relacionados e interdependentes.

Quadro 1.1 – A interdependência entre os três subsistemas.

	Almoxarifado de matérias-primas	**Subsistema de produção**	**Depósito de produtos acabados**
Função principal	Recebe e estoca matérias-primas e as fornece à produção.	Transforma as matérias-primas em produtos acabados.	Estoca os produtos acabados e os fornece aos clientes.

Passaremos agora a focalizar a produção – e não mais a empresa – como um sistema. Existem três tipos de sistemas de produção: sob encomenda, em lotes e contínua. Vejamos cada um desses três sistemas de produção.

Produção sob encomenda

A produção sob encomenda é o sistema utilizado pela empresa que produz somente após ter recebido um pedido ou encomenda de seus produtos. Após o contrato ou a encomenda de um determinado produto é que a empresa vai produzi-lo. Em primeiro lugar, o produto ou o serviço é oferecido ao mercado. Quando se recebe o pedido ou o contrato, o plano oferecido para a cotação do cliente – como o orçamento preliminar ou a cotação para a concorrência pública ou particular – é então utilizado para se fazer uma análise mais detalhada do trabalho a ser realizado. Essa análise do trabalho envolve:

- ✓ Uma lista ou relação de todos os materiais necessários para fazer o trabalho encomendado.
- ✓ Uma relação completa do trabalho a ser realizado, dividida em número de horas para cada tipo de trabalho especializado.
- ✓ Um plano detalhado de sequência cronológica, indicando quando cada tipo de mão de obra deverá trabalhar e quando cada tipo de material deverá estar disponível para ser utilizado.

O caso mais simples de produção sob encomenda é o da oficina ou da produção unitária. É o sistema no qual a produção é feita por unidades ou por pequenas quantidades, cada produto a seu tempo, sendo modificado à medida que o trabalho é realizado. O processo produtivo é pouco padronizado e automatizado. Os trabalhadores utilizam uma variedade de ferramentas e instrumentos. A produção unitária requer habilidades manuais dos trabalhadores, envolvendo o que se chama de operação de mão de obra intensiva, isto é, muita mão de obra e muita atividade artesanal. É o caso da produção de navios, geradores e motores de grande porte, aviões, locomotivas, construção civil e industrial, confecções sob medida etc.

Produção em lotes

A produção em lotes é o sistema de produção utilizado por empresas que produzem uma quantidade limitada de um produto a cada vez. Essa quantidade limitada é denominada lote de produção. Cada lote de produção é dimensionado para atender a um determinado volume de vendas previsto para um determinado período de tempo. Terminado um lote de produção, a empresa inicia imediatamente a produção de outro lote, e assim por diante. Cada lote recebe um código de identificação. Esse tipo de produção é utilizado por uma infinidade de indústrias, como têxteis, de cerâmica, de motores elétricos etc.

Produção contínua

A produção contínua é o sistema de produção utilizado por empresas que produzem um determinado produto, sem mudanças, por um longo período de tempo. O ritmo de produção é acelerado e as operações são executadas sem interrupção. Como o produto é sempre o mesmo ao longo do tempo, o processo de produção não sofre mudanças e pode ser aperfeiçoado continuamente. É o caso das indústrias fabricantes de automóveis, papel e celulose, cimento, eletrodomésticos (como rádios, televisores, geladeiras etc.), enfim, produtos que são mantidos em linha durante muito tempo.

Quadro 1.2 – Os três sistemas de produção – suas entradas e saídas.

Sistemas de produção	**Almoxarifado de matérias-primas**	**Subsistema de produção**	**Depósito de produtos acabados**
Produção sob encomenda	Nenhum estoque prévio. O estoque é planejado após receber o pedido.	Produção planejada somente após receber o pedido ou a encomenda.	Não há necessidade de estoque, pois o produto é entregue imediatamente após ter sido produzido.
Produção em lotes	Estoque planejado em função de cada lote de produção.	Produção planejada em função de cada lote de produção.	Estoque planejado em função de cada lote de produção.
Produção contínua	Estoque planejado e programado com antecipação.	Estoque planejado e programado com antecipação.	Estoque planejado e programado com antecipação.

O sistema de produção por encomenda (seja produção unitária, seja do tipo oficina) impõe um baixo grau de previsão de resultados, pois há muitas modificações no processo e incerteza a respeito da sequência de cada trabalho. No outro extremo, o sistema de produção contínua permite um elevado grau de previsibilidade dos resultados operacionais, pois o processo de produção é sempre o mesmo e nunca muda, sabendo-se de antemão o resultado da produção ao longo do tempo, seja no mês, seja no ano. O sistema de produção em lotes fica entre aqueles dois extremos em termos de previsibilidade de produção. Em muitos casos, certas empresas apresentam misturas desses sistemas de produção, com dosagens que variam muito. Obviamente, como veremos mais adiante neste livro, cada um desses sistemas produtivos apresenta suas vantagens e desvantagens no que se refere a planejamento e controle de produção.

Quadro 1.3 – Os três sistemas de produção e suas características.

Sistemas de produção	Tecnologia utilizada	Resultado da produção
Produção por encomenda (produção unitária ou oficina)	Habilidade manual ou operação de ferramentas. Artesanato. Pouca padronização e automatização. Mão de obra intensiva e especializada.	Produção em unidades. Pouca previsibilidade dos resultados e incerteza quanto à sequência das operações.
Produção em lotes	Máquinas agrupadas em baterias do mesmo tipo (seções ou departamentos). Mão de obra intensiva e barata, utilizada com regularidade.	Produção em lotes e em quantidade conforme cada lote. Razoável previsibilidade dos resultados. Certeza quanto à sequência das operações.
Produção contínua	Processamento contínuo através de máquinas especializadas e padronizadas, dispostas linearmente. Padronização e automação. Tecnologia intensiva, pessoal especializado.	Produção contínua e em grande quantidade. Forte previsibilidade dos resultados. Certeza absoluta quanto à sequência das operações.

Fatores de produção e recursos empresariais

Os economistas salientam que todo processo produtivo depende de três fatores de produção: natureza, capital e trabalho, que são integrados por um quarto fator denominado empresa. A natureza fornece os insumos necessários, as matérias-primas, a energia etc. O capital fornece o dinheiro necessário para comprar os insumos e pagar os empregados. O trabalho é realizado pela mão de obra que transforma, por meio de operações manuais ou de máquinas e equipamentos, os insumos em produtos acabados ou serviços prestados. E a empresa, como fator integrador, garante que a integração dos três fatores de produção seja a mais lucrativa possível.

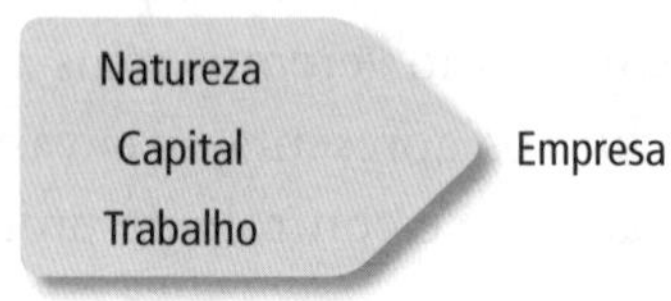

Figura 1.11 – Os quatro fatores de produção.

Em vez de fatores de produção, preferimos, contudo, tratar dos recursos empresariais que lhes correspondem. Um recurso é um meio pelo qual a empresa produz algo. As empresas são dotadas de recursos para poderem funcionar adequadamente. Os recursos empresariais são os seguintes (Chiavenato, 2006):

- *Recursos materiais ou físicos*: correspondem, grosso modo, ao fator de produção que os economistas denominam natureza. Os recursos materiais ou físicos são os prédios e edifícios, as máquinas e os equipamentos, as instalações, as ferramentas, as matérias-primas, enfim, todos os insumos físicos que ingressam no processo produtivo. Nas indústrias, constituem as fábricas e tudo o que nelas estiver contido. Nas empresas de serviços, constituem os prédios, as instalações, as máquinas, os equipamentos etc.
- *Recursos financeiros*: correspondem, grosso modo, ao fator de produção denominado capital. Os recursos financeiros correspondem ao capital

e abrangem as receitas, as contas a receber, o faturamento, o dinheiro em bancos e em caixa, os investimentos, enfim, qualquer forma de dinheiro ou crédito que a empresa possua.

- *Recursos humanos*: correspondem, grosso modo, ao fator de produção denominado trabalho, com a diferença de que englobam todas as pessoas que trabalham na empresa em todos os níveis hierárquicos, desde o presidente até o operário.
- *Recursos mercadológicos*: não têm correspondência com nenhum fator de produção apontado pelos economistas. Os recursos mercadológicos geralmente estão fora da empresa – são os clientes, os consumidores, os usuários dos produtos ou serviços da empresa. Para abordá-los, a empresa utiliza propaganda, promoção, canais de distribuição, equipes de vendas e uma parafernália de meios.
- *Recursos administrativos*: correspondem, grosso modo, ao fator de produção integrador, denominado empresa.

Quadro 1.4 – Os recursos empresariais.

Recursos	**Fator de produção**	**Terminologia americana**	**Exemplos**
Físicos ou materiais	Natureza	*Materials & Machinery*	Edifícios, prédios, máquinas, equipamentos, instalações, matérias-primas etc.
Financeiros	Capital	*Money*	Capital, dinheiro, crédito, financiamentos, caixa etc.
Humanos	Trabalho	*Man*	Todas as pessoas, do presidente ao operário.
Mercadológicos	–	*Marketing*	Clientes e usuários e os meios de influenciá-los: propaganda, vendas, promoção etc.
Administrativos	Empresa	*Management*	Planejamento, organização, direção e controle.

A terminologia americana utilizada para representar os recursos empresariais é composta dos cinco Ms: *materials/machinery*, *money*, *man*, *marketing* e *management*.

Na prática, os recursos empresariais são administrados por diferentes áreas da empresa, conforme demonstra o Quadro 1.5.

Quadro 1.5 – Os recursos empresariais e sua administração na empresa.

Recursos empresariais	**Áreas de especialização**
Materiais ou físicos	Administração da produção ou operações.
Financeiros	Finanças ou administração financeira.
Humanos	Administração de pessoal/recursos humanos.
Mercadológicos	Administração de marketing ou comercial.
Administrativos	Administração geral ou presidência.

Assim, é muito comum as áreas da empresa serem colocadas da seguinte forma abreviada no organograma:

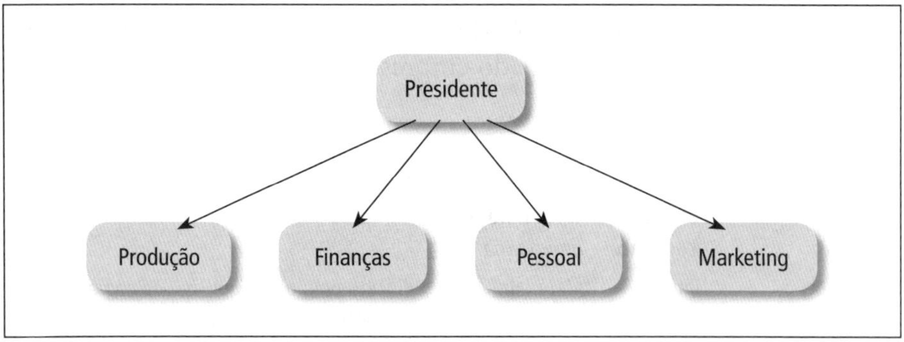

Figura 1.12 – As principais áreas da empresa.

Obviamente, a disposição apresentada na Figura 1.12 peca pela simplificação exagerada, mas reflete as principais áreas de atividade que existem dentro da empresa moderna. Cada empresa tende a reforçar a área que lhe é mais problemática ou onde lida com o recurso mais escasso e difícil.

Da mesma forma, cada empresa tende a dar menor reforço e menor atenção à área que lhe é menos problemática ou onde lida com o recurso mais fácil.

Como veremos adiante, o planejamento e controle da produção estão quase sempre vinculados à área de produção ou de operações da empresa.

A Figura 1.13 mostra essa vinculação do planejamento e controle da produção (PCP) à área de produção.

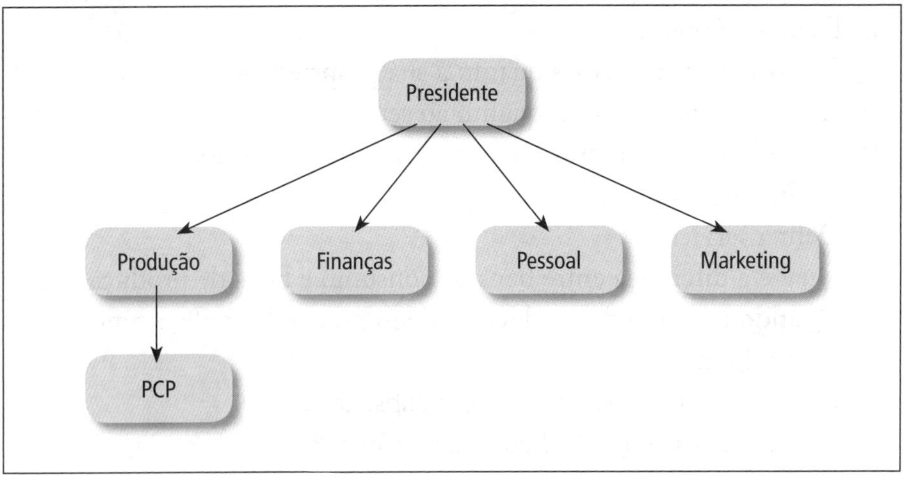

Figura 1.13 – A subordinação do PCP à área de produção da empresa.

Capital financeiro e capital econômico

Mencionamos anteriormente os recursos empresariais e fizemos uma clara distinção entre os recursos financeiros e os materiais. Ocorre que ambos fazem parte do patrimônio da empresa. Enquanto boa parte dos recursos financeiros é disponibilizada por meio do capital de giro necessário para garantir as operações da empresa, quase sempre os recursos materiais fazem parte do ativo imobilizado. Assim, os recursos financeiros formam o capital financeiro da empresa, enquanto os recursos materiais – com seus prédios, edifícios, máquinas, equipamentos etc. – formam o capital econômico da empresa. Tanto o capital financeiro como o capital econômico são avaliados em moeda corrente do país.

Questões para revisão

1) Defina organização.
2) O que se pretende dizer com sociedade de organizações?
3) Defina organização social.
4) Qual é o papel das organizações?
5) Defina empresa.
6) Classifique as empresas quanto à sua propriedade.
7) Classifique as empresas quanto ao seu tamanho.
8) Classifique as empresas quanto ao tipo de produção.
9) Defina bem ou mercadoria.
10) Defina serviço.
11) Qual é a diferença entre bens de consumo e bens de produção?
12) Quando um bem de produção é denominado bem de capital?
13) O que é um sistema?
14) O que é um macrossistema e um subsistema?
15) O que é um sistema fechado ou mecânico?
16) O que é um sistema aberto ou orgânico?
17) Por que as empresas são sistemas abertos?
18) Quais são os principais sistemas de produção?
19) Defina o sistema de produção por encomenda.
20) Defina sistema de produção em lotes.
21) Defina sistema de produção contínua.
22) Caracterize a previsão de resultados em cada um dos sistemas de produção.
23) O que são fatores de produção?
24) O que são recursos?
25) Quais são os principais recursos empresariais?
26) A que áreas correspondem os principais recursos empresariais?
27) Defina recursos materiais ou físicos.
28) Defina recursos financeiros.
29) Defina recursos humanos.
30) Defina recursos mercadológicos.

31) Defina recursos administrativos.
32) Como a terminologia americana pode explicar os recursos empresariais?
33) Faça a correspondência entre fatores de produção e recursos empresariais.
34) A que área da empresa está subordinado o órgão de PCP?
35) O que é capital financeiro?
36) O que é capital econômico?

Exercícios

1) Relacione exemplos de empresas classificadas quanto à propriedade (empresas privadas, estatais e mistas).
2) Relacione exemplos de empresas classificadas quanto ao tamanho (empresas grandes, médias e pequenas).
3) Relacione exemplos de empresas classificadas quanto ao tipo de produção (empresas primárias, secundárias e terciárias).
4) Relacione exemplos de empresas quanto aos sistemas de produção utilizados (empresas de produção sob encomenda, de produção em lotes e de produção contínua).
5) Escolha uma empresa e identifique nela os seus recursos materiais, financeiros, humanos, mercadológicos e administrativos.
6) Identifique em sua escola o sistema de produção utilizado e os principais recursos empresariais de que ela dispõe.

Capítulo 2

Planejamento e controle da produção (PCP)

Tópicos deste capítulo

- Introdução
- Conceito de PCP
- Finalidade e funções do PCP
- Princípios fundamentais do PCP
- Sistemas de PCP
- Fases do PCP
- MRP e MRP II
- Questões para revisão
- Exercícios

Introdução

Para atingir seus objetivos e aplicar adequadamente seus recursos, as empresas não produzem ao acaso. Nem funcionam de improviso. Elas precisam planejar antecipadamente e controlar de forma adequada sua produção. Para isso, existe o planejamento e controle de produção (PCP) que visa aumentar a eficiência e a eficácia da empresa.

Existe uma enorme diferença entre eficiência e eficácia (Chiavenato, 2004). A eficiência ocorre quando se utilizam adequadamente os recursos empresariais, enquanto a eficácia significa o alcance dos objetivos propostos pela empresa. Em suma, a eficiência está ligada aos meios – métodos, normas, procedimentos e programas – e a eficácia se relaciona aos fins

– objetivos a serem alcançados. A eficiência reside em fazer as coisas corretamente, enquanto a eficácia consiste em fazer as coisas que são importantes. Nem sempre a eficiência e a eficácia andam de mãos dadas. Uma empresa pode ser eficiente, mas não eficaz. Ou pode não ser eficiente, mas ser eficaz. No entanto, a eficácia seria ainda melhor se fosse também eficiente. O ideal seria uma empresa eficiente e eficaz ao mesmo tempo.

Quadro 2.1 – Eficiência e eficácia.

Eficiência	**Eficácia**
Ênfase nos meios.	Ênfase nos fins.
Preocupação com métodos e procedimentos.	Preocupação com resultados.
Melhor aplicação dos recursos.	Melhor alcance dos objetivos.
Executar corretamente uma tarefa.	Executar a tarefa que é importante.
Resolver problemas.	Atingir objetivos.
Jogar bem futebol.	Marcar gols.
Estudar muito e não faltar.	Passar de ano.

É muito comum falar em eficiência da máquina (*machine efficiency*). Na linguagem de PCP, a eficiência da máquina (E) é medida pela equação:

$$E = \frac{x}{c}$$

onde: x = uso real da máquina,
c = capacidade da máquina.

A eficiência, entretanto, é apenas uma parte do sucesso das empresas. O leitor deve ter sempre em mente que a eficiência e a eficácia são os aspectos que devem conjuntamente balizar o trabalho do PCP.

Conceito de PCP

O planejamento é a função administrativa que determina antecipadamente quais os objetivos a serem atingidos e o que deve ser feito para atingi-los da melhor maneira possível. O planejamento está voltado para a continuidade da empresa e focaliza o futuro. A sua importância reside nisto: sem o planejamento a empresa fica perdida no caos. Assim, partindo da fixação dos objetivos a serem alcançados, o planejamento determina *a priori* o que se deve fazer, quando fazer, quem deve fazê-lo e de que maneira. E ele é feito na base de um conjunto de planos.

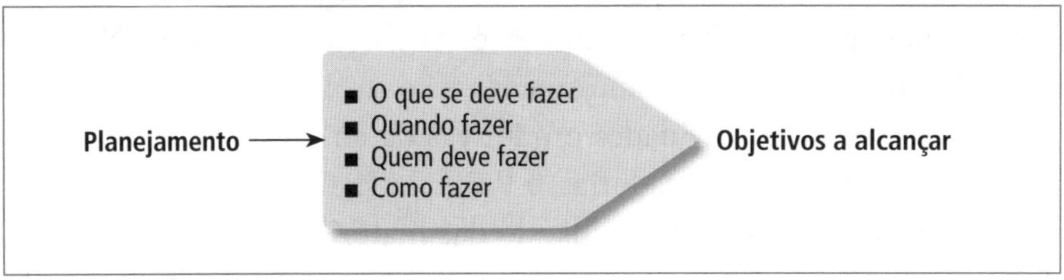

Figura 2.1 – O planejamento e seus desdobramentos.

Por sua vez, o controle é a função administrativa que consiste em medir e corrigir o desempenho para assegurar que os planos sejam executados da melhor maneira possível. A tarefa do controle é verificar se tudo está sendo feito de acordo com o que foi planejado e organizado, conforme as ordens dadas, para identificar os erros ou desvios, a fim de corrigi-los e evitar sua repetição.

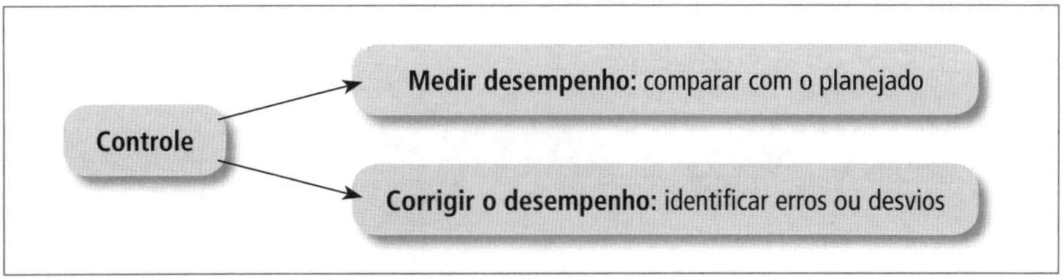

Figura 2.2 – O controle e seus desdobramentos.

O planejamento constitui a primeira etapa do processo administrativo, e o controle, a última (Chiavenato, 2004).

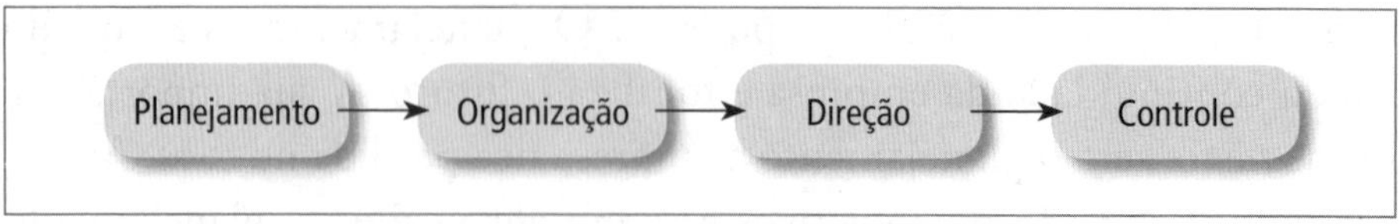

Figura 2.3 – As quatro etapas do processo administrativo.

Ambas as definições apresentadas – de planejamento e de controle – são genéricas, mas ilustram muito bem o seu significado. No caso específico da produção, o planejamento e controle da produção (PCP) planeja e controla as atividades produtivas da empresa. Se a empresa é produtora de bens ou mercadorias, o PCP planeja e controla a produção desses bens ou mercadorias, cuidando das matérias-primas necessárias, da quantidade de mão de obra, das máquinas e dos equipamentos e do estoque de produtos acabados disponíveis no tempo e no espaço, para a área de vendas efetuar as entregas aos clientes. Se a empresa é produtora de serviços, o PCP planeja e controla a produção desses serviços, cuidando da quantidade de mão de obra necessária, das máquinas e dos equipamentos, dos demais recursos necessários, para a oferta dos serviços no tempo e no espaço, a fim de atender à demanda dos clientes e usuários.

Partindo dos objetivos da empresa, o PCP planeja e programa a produção e as operações da empresa, bem como as controla adequadamente, para tirar o melhor proveito possível em termos de eficiência e eficácia.

O imponderável

Fatos inesperados podem pôr o planejamento em maus lençóis. O desconhecido, o incerto, o imprevisível – os chamados cisnes negros, expressão que lembra o susto dos primeiros ornitólogos que visitaram a Austrália no século XVII e encontraram cisnes que não eram brancos – são aspectos que podem jogar por terra o melhor planejamento. Nassim N. Taleb (2007) lembra que nossa consciência está programada e obedece a uma lógica perversa: somos capazes de aprender apenas o que já sabemos, sempre a partir de fatos concretos. Ao desprezar o que é abstrato e desconhecido, acabamos por mergulhar no escuro. Para escapar dessa armadilha, precisamos aceitar viver em um mundo de incertezas e insegurança, e lutar contra a padronização do pensamento. Isso impõe que se deve manter o hábito de questionar estruturas de pensamento e atitudes. Devemos pensar "fora da caixa".

Finalidade e funções do PCP

Como já vimos, a finalidade do PCP é aumentar a eficiência e eficácia do processo produtivo da empresa. Trata-se, portanto, de uma dupla finalidade: atuar sobre os meios de produção com o propósito de aumentar a eficiência e cuidar para que os objetivos de produção sejam plenamente alcançados a fim de aumentar a eficácia.

Para atender a essa dupla finalidade, o PCP tem de planejar a produção e controlar seu desempenho. De um lado, o PCP estabelece antecipadamente o que a empresa deverá produzir – e consequentemente o que deverá dispor de matérias-primas e materiais, de pessoas, de máquinas e equipamentos, bem como de estoques de produtos acabados para suprir as vendas. De outro, o PCP monitora e controla o desempenho da produção em relação ao que foi planejado, corrigindo eventuais desvios ou erros que possam surgir. O PCP atua antes, durante e depois do processo produtivo. Antes, planejando o processo produtivo, programando materiais, máquinas, pessoas e estoque. Durante e depois, controlando o funcionamento do processo produtivo para mantê-lo de acordo com o que foi planejado. Assim, o PCP assegura a obtenção da máxima eficiência e eficácia do processo de produção da empresa.

Ao desenvolver as suas funções, o PCP mantém uma rede de relações com as demais áreas da empresa. As inter-relações entre o PCP e as demais áreas da empresa se devem ao fato de que o PCP procura utilizar racionalmente os recursos empresariais: materiais, humanos, financeiros etc. Assim, as principais inter-relações do PCP com as demais áreas da empresa são as seguintes:

- *Com a área de engenharia industrial*: o PCP programa o funcionamento de máquinas e equipamentos e baseia-se em boletins de operações (BO) fornecidos pela engenharia industrial. Por sua vez, a engenharia industrial programa a paralisação de máquinas e equipamentos para manutenção e reparos.
- *Com a área de suprimentos e compras*: o PCP programa materiais e matérias-primas que devem ser obtidos no mercado fornecedor pelo órgão de compras e estocados pelo órgão de suprimentos. Assim, a área de suprimentos e compras funciona com base naquilo que é planejado pelo PCP.
- *Com a área de recursos humanos*: o PCP programa a atividade da mão de obra, estabelecendo a quantidade de pessoas que devem trabalhar no processo de produção. O recrutamento, a seleção e o treinamento do pessoal são atividades estabelecidas em função do PCP.
- *Com a área financeira*: o PCP se baseia nos cálculos financeiros fornecidos pela área financeira para estabelecer os níveis de estoques de matérias-primas e de produtos acabados, além dos lotes econômicos de produção.

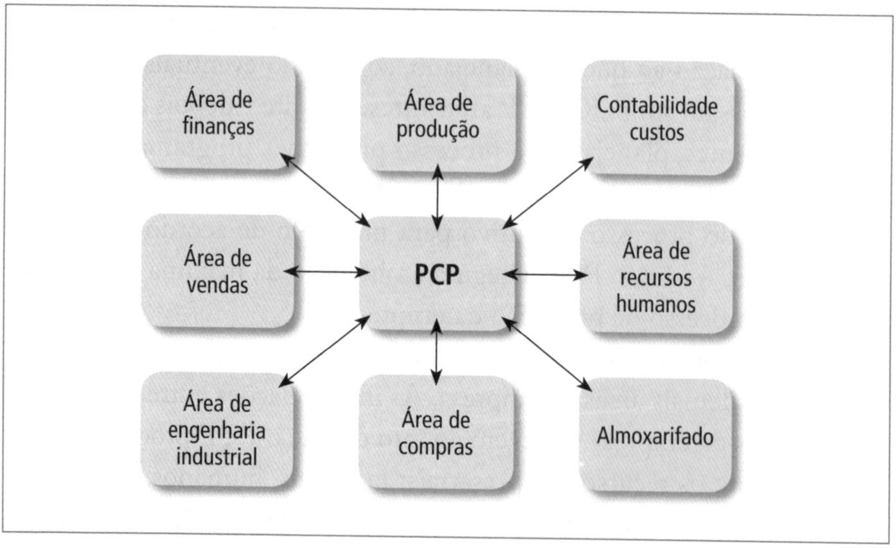

Figura 2.4 – As inter-relações do PCP com as demais áreas da empresa.

- *Com a área de vendas*: o PCP se baseia na previsão de vendas fornecida pela área de vendas, para elaborar o plano de produção da empresa e planejar a quantidade de produtos acabados necessária para suprir as entregas aos clientes. À medida que a previsão de vendas sofre alterações em função do comportamento do mercado, o PCP altera também o plano de produção e os seus desdobramentos.
- *Com a área de produção*: o PCP planeja e controla a atividade da área de produção, o que significa que essa área funciona de acordo com o que é planejado e programado pelo PCP.

Princípios fundamentais do PCP

A administração se baseia em princípios e não em leis. Se ela fosse uma ciência exata, poderia se dedicar ao estudo das leis que regem as coisas. Contudo, a administração é uma ciência que lida com fenômenos sociais e humanos e, portanto, sujeitos a uma enorme variabilidade. Daí dedicar-se ao estudo de princípios gerais e fundamentais que explicam fenômenos típicos de sistemas abertos. Também o PCP se baseia em princípios fundamentais e não em leis. Quando trata do planejamento da produção, o PCP utiliza os princípios fundamentais do planejamento e, quando trata do controle da produção, utiliza os princípios fundamentais do controle (Chiavenato, 2004).

Os princípios que regem o planejamento são:

- *Princípio da definição do objetivo*: o objetivo deve ser definido de forma clara e concisa, para que o planejamento seja adequado, porque este é feito em função do objetivo que se pretende atingir. A finalidade do planejamento é determinar como o objetivo deverá ser alcançado. Dessa forma, se o objetivo não for claramente definido, o planejamento será muito vago e dispersivo. No fundo, o planejamento constitui o meio para alcançar o objetivo definido.
- *Princípio da flexibilidade do planejamento*: o planejamento deve ser flexível e elástico a fim de poder se adaptar a situações imprevistas.

Em outras palavras, como o planejamento se refere ao futuro, a sua execução deve permitir certa flexibilidade e adaptação a situações que podem sofrer alterações imprevistas.

Os princípios que regem o controle são:

- *Princípio do objetivo*: o controle deve contribuir para o alcance dos objetivos por meio da indicação dos erros ou das falhas, em tempo hábil para permitir ação corretiva oportuna.
- *Princípio da definição dos padrões*: o controle deve basear-se em padrões bem definidos. Geralmente, os padrões são definidos no planejamento, ou seja, antes da execução dos trabalhos, e devem claramente servir de critério para o futuro desempenho.
- *Princípio da exceção*: esse princípio de controle foi formulado originalmente por Taylor, um dos precursores da moderna administração. Taylor considerava que a atenção do administrador não deve se es-

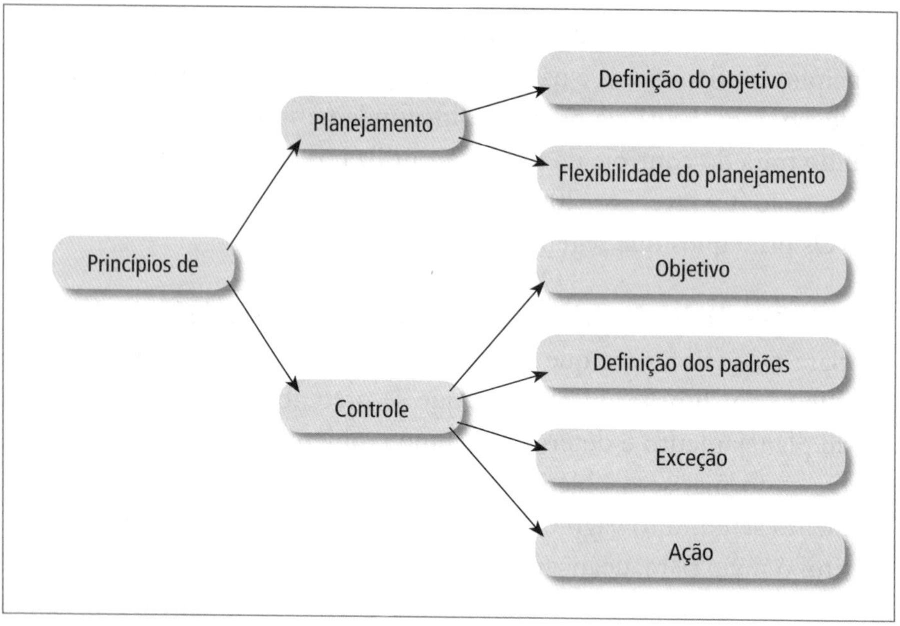

Figura 2.5 – Os princípios fundamentais do PCP.

palhar demais sobre as coisas que andam bem. Ao contrário, o administrador precisa estar atento às coisas que andam mal, ou seja, às execuções. Diz esse princípio que o controle deve se concentrar exclusivamente sobre as situações excepcionais, isto é, sobre os desvios mais importantes, e não sobre as coisas normais.

- *Princípio da ação*: o controle somente se justifica quando proporciona ação corretiva sobre desvios ou falhas apontados. Isso significa que de nada adianta um controle que não indique providência a tomar ou falhas a resolver. Se o controle não conduz a nada, então é melhor eliminá-lo.

O cuidado na aplicação desses princípios fundamentais é vital para o sucesso do PCP. Em resumo, de pouco vale um PCP que não defina adequadamente os objetivos a serem alcançados e que não possua um mínimo de flexibilidade para poder se adequar às mudanças que ocorrem no seu percurso. De pouco vale também um PCP cujo controle não defina adequadamente os objetivos a serem alcançados, não defina os padrões de avaliação e medição, não detecte as exceções e não permita uma ação corretiva adequada.

Quais são as prioridades do PCP?

O PCP determina de que forma a empresa pode atender a certas prioridades na produção de seus bens e serviços. Quase sempre essas prioridades estão ao redor do custo, da qualidade e da flexibilidade; há autores que acrescentam aspectos como velocidade, consistência, confiabilidade e inovação (Martins e Laugeni, 2005, p.211). Para alguns autores, os principais objetivos envolvidos no PCP são:

- Qualidade, confiabilidade, custo, flexibilidade (Wheelwright, 1985).
- Flexibilidade, entrega, qualidade, custo, introdução de novos produtos (Swamidass, 1986).
- Custo, entrega, qualidade, serviço confiável, flexibilidade de produto, flexibilidade de volume, investimento (Skinner, 1985).
- Qualidade, velocidade, custo, flexibilidade, confiabilidade (Slack et al., 1997).
- Qualidade, entrega, custo unitário, flexibilidade, inovação (Leong et al., 1999).

Sistemas de PCP

O PCP está intimamente relacionado com o sistema de produção adotado pela empresa e dele depende para planejar e controlar a produção. Vimos no capítulo anterior que existem três sistemas de produção: sob encomenda, em lotes e contínua. Cada um desses sistemas de produção exige um sistema específico de PCP. Vejamos cada um desses sistemas de PCP.

PCP em produção sob encomenda

É o caso da empresa que apenas produz após ter efetuado um contrato ou pedido de venda de seus produtos. É a encomenda ou o pedido efetuado que vai definir como a produção deverá ser planejada e controlada. O PCP somente vai funcionar após o recebimento da encomenda ou do pedido feito pelo cliente.

As principais características do PCP em produção sob encomenda são as seguintes:

- *Cada produto é único e de grande tamanho e complexidade*, exigindo muito tempo para sua produção. É o caso da produção de navios, geradores de grande porte, construção de edifícios, de hidroelétricas, e cada produto é diferente dos demais e de acordo com as características solicitadas pelo cliente. Cada encomenda, cada pedido ou cada contrato costuma ser considerado um produto específico, exigindo a sua identificação ao longo de toda a produção. Assim, cada encomenda ou pedido requer um PCP específico. Trata-se, pois, de produção intermitente.
- *Grande variedade de máquinas universais*, de dispositivos de transporte e de equipamentos, bem como uma oficina-base na qual são manufaturadas as partes daquilo que será o produto final, isto é, os seus componentes. Por exemplo, a oficina no caso da construção de um navio

é o pátio de construção; no caso da construção civil, é o canteiro de obras. No caso de uma empresa de propaganda, é a equipe de trabalho que atende a uma determinada empresa. No caso de um hospital, é a equipe especializada que atende um determinado paciente que se interna.

- *Grande variedade de operários altamente especializados*, capazes de participar de uma das partes do extenso campo de partes que compõem o produto final. Há uma demanda flutuante de mão de obra especializada no local onde o serviço será realizado. Isso significa que eletricistas, soldadores, carpinteiros, marceneiros, encanadores, ferramenteiros, mecânicos etc. nem sempre têm serviço contínuo. O mesmo ocorre com a equipe de propaganda ou com a equipe médica especializada.
- *Necessidade de datas de entrega* que se apliquem aos pedidos individuais e que signifiquem um compromisso de produção. O objetivo primordial do PCP é atender a essas datas, fazendo com que os produtos/serviços sejam entregues dentro dos prazos solicitados pelo cliente.
- *Grande dificuldade para a realização de precisões*, pois cada produto/serviço exige um complexo trabalho que é diferente dos demais. Cada produto/serviço exige um PCP específico.
- *Necessidade de um grupo de administradores e especialistas* altamente competentes como supervisores da oficina-base, capazes de assumir sozinhos todas as atividades de cada contrato ou pedido, como a administração da produção, mão de obra e custos. O sucesso da produção por encomenda depende muito da habilidade do administrador ou especialista encarregado de cada contrato ou encomenda ou pedido. A eficiente construção do edifício depende muito da habilidade do engenheiro de obras, o atendimento da empresa ao cliente depende muito do supervisor de conta da agência de propaganda, enquanto o atendimento do paciente depende muito do médico-chefe da equipe hospitalar. É vital, portanto, que o PCP seja muito bem compreendido pelos especialistas que irão executá-lo na prática.

PCP em produção em lotes

É o sistema de produção utilizado por empresas que produzem uma quantidade limitada de um tipo de produto de cada vez. Essa quantidade limitada é denominada lote de produção. Cada lote de produção exige um PCP específico. Mas, ao contrário da produção sob encomenda (na qual o PCP é feito após o pedido ou a encomenda), o PCP é feito antecipadamente e a empresa pode aproveitar melhor os seus recursos, com maior grau de liberdade.

As principais características do PCP em produção em lotes são as seguintes:

- *A empresa é capaz de produzir bens/serviços genéricos de diferentes características*. Se se trata de uma indústria têxtil, por exemplo, há uma extensa variedade de tecidos com diferentes características. Cada tipo de tecido é produzido em um lote de produção. Quando essa etapa é concluída, a produção é paralisada, e inicia-se um novo lote com um tecido diferente. O tecido anterior poderá ou não voltar a ser produzido em algum lote futuro. Cada lote é identificado por um número ou código.
- *As máquinas são agrupadas em baterias do mesmo tipo*. O trabalho passa de uma bateria de máquinas para a outra em lotes de produção, intermitentemente. Cada bateria de máquinas constitui um departamento ou uma seção. Geralmente ocorre falta de equilíbrio na capacidade de produção dos diferentes departamentos envolvidos. Isso significa que cada departamento tem uma capacidade de produção que nem sempre é igual à dos demais departamentos da empresa. O PCP deve levar em conta esse desequilíbrio entre departamentos, programando turnos de trabalho diferentes para compensá-los por meio de diferentes números de horas trabalhadas. Se a limitação é constituída pelo fator máquina ou equipamento, compensa-se com o fator mão de obra, para regularizar o processo produtivo.

- *Em cada lote de produção, as ferramentas devem ser modificadas* e arranjadas para atender aos diferentes produtos/serviços.
- *A produção em lotes permite uma utilização regular da mão de obra*, sem grandes picos de produção.
- *A produção em lotes exige grandes áreas de estocagem de produtos acabados* e grande estoque de materiais em processamento ou em vias.
- *A produção em lotes impõe um eficiente PCP* para permitir mudanças nos planos de produção, na medida em que os lotes vão sendo completados e novos lotes devem ser planejados. No fundo, o sucesso do processo produtivo depende diretamente do PCP.

PCP em produção contínua

A produção contínua é também chamada de produção em série ou em linha. É o sistema utilizado por empresas que produzem um produto em ritmo acelerado, durante longo tempo e sem nenhuma interrupção ou mudança. A produção contínua é possível quando o número de máquinas necessárias para produzir o produto na taxa de tempo exigida é maior que o número de operações detalhadas para a sua produção. O PCP em produção contínua coloca cada processo de produção em sequência linear ou em série, para que o material de produção se movimente de uma máquina para outra continuamente e para que, quando completado, seja transportado para o ponto em que ele é necessário para a montagem do produto final. O PCP em produção contínua é feito antecipadamente e pode cobrir maior extensão de tempo. Geralmente, é elaborado para cobrir cada exercício anual e explorar ao máximo as possibilidades dos recursos da empresa, proporcionando condições ideais de eficiência e eficácia.

As principais características do PCP em produção contínua ou em série são as seguintes:

- *Baseia-se em um produto que é mantido em produção durante longo período de tempo e sem mudanças.* O produto é rigidamente especificado quanto a suas características, e o processo de produção é estabelecido em detalhes, o que permite planejar em longo prazo todos os materiais necessários e a mão de obra envolvida.

- *Facilita o planejamento detalhado*, permitindo assegurar a chegada da matéria-prima necessária exatamente na quantidade suficiente e no tempo previsto.
- *Baseia-se em máquinas e ferramentas altamente especializadas e dispostas em formação linear e sequencial* para a produção de cada componente do produto final. Isso assegura um alto grau de padronização de máquinas e ferramentas, de matérias-primas e materiais e de métodos de trabalho.
- *Como a produção contínua é programada para longos períodos, ela permite dividir as operações de montagem em quantidade de trabalho para cada operário,* com base no tempo padrão do ciclo de produção.
- *Permite que as despesas em gabaritos, moldes, ferramental e dispositivos de produção sejam depreciadas* (recuperadas contabilmente) num período de tempo mais longo, o que proporciona economia nos custos de produção.
- *Facilita medidas para resolver rapidamente qualquer problema de paralisação no processo de produção*, seja por falta de material ou mão-de-obra, seja por manutenção de máquina.
- *Facilita a verificação diária do rendimento de produção* em todos os pontos do processo produtivo, bem como permite que se faça um inventário regular das matérias-primas e dos materiais disponíveis em estoque.
- *Seu sucesso depende completamente do planejamento detalhado* que deve ser feito antes de a produção iniciar um novo produto.

O Quadro 2.2 apresenta uma ideia genérica das principais características de cada um dos sistemas de produção e suas influências sobre os sistemas de PCP.

Quadro 2.2 – Características dos três sistemas de produção.

Aspectos principais	Produção por encomenda	Produção em lotes	Produção contínua
Produto	Um único produto de cada vez.	Um lote de produtos de cada vez.	Sempre o mesmo produto.
Máquinas e equipamentos	Variedade e pouca padronização.	Agrupadas em baterias do mesmo tipo.	Alto grau de padronização.
Mão de obra	Variedade e especialização.	Compensa o desequilíbrio entre departamentos.	Regularmente utilizada.
Métodos de trabalho	Mutáveis e genéricos.	Mutáveis (com o lote) e rígidos.	Fixos e rígidos.
Ritmo de produção	Descontínuo e irregular.	Contínuo no lote e descontínuo na mudança do lote.	Contínuo e regular ao longo do tempo.
Sucesso do processo produtivo	Depende do supervisor da oficina-base.	Depende do PCP em planejar os lotes de produção.	Depende do PCP a longo prazo.

Em resumo, os três sistemas de produção constituem gradações diferentes de *continuum* representado pela Figura 2.6.

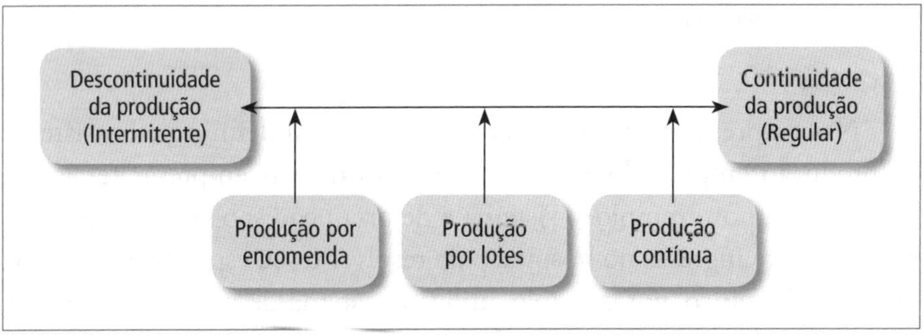

Figura 2.6 – Os três sistemas de produção.

Assim, a produção por encomendas é o sistema em que ocorre maior descontinuidade na produção, enquanto a produção contínua é o sistema no qual há maior continuidade no processo produtivo. A produção por lotes representa o sistema intermediário, em que a continuidade e a descontinuidade se alternam. Isso significa que o PCP é influenciado pela descontinuidade da produção por encomenda e alcança a máxima regularidade na produção contínua. Na realidade, o PCP é feito sob medida para cada encomenda na produção sob encomenda; é feito por lotes para o conjunto de lotes na produção em lotes; e é feito para o exercício mensal ou anual na produção contínua. O Quadro 2.3 permite uma visão simplificada das três situações.

Quadro 2.3 – Os sistemas de produção e de PCP.

Sistemas de produção	Almoxarifado de matérias-primas (MP)	Subsistema de produção	Depósito de produtos acabados (PA)
Produção por encomenda	Planejamento e controle de MP em cada encomenda.	Planejamento e controle da produção em cada encomenda.	Planejamento e controle de PA em cada encomenda.
Produção em lotes	Planejamento e controle de MP em cada lote e no conjunto de lotes.	Planejamento e controle da produção em cada lote e no conjunto de lotes.	Planejamento e controle de PA em cada lote e no conjunto de lotes.
Produção contínua	Planejamento e controle de MP para o exercício mensal ou anual.	Planejamento e controle da produção para exercício mensal ou anual.	Planejamento e controle de PA para exercício mensal ou anual.

Nas empresas primárias e secundárias, é fácil definir qual o sistema de produção empregado. O mesmo não ocorre nas empresas terciárias. No hospital, por exemplo, o sistema é de produção sob encomenda, pois cada paciente ingressa no hospital para resolver o seu específico problema de saúde. O banco, por exemplo, utiliza o sistema de produção contínua no atendimento a seus clientes. E na escola, o sistema seria de produção em lotes, no qual cada classe seria um lote de produção?

Fases do PCP

Para poder funcionar satisfatoriamente, o PCP exige um enorme volume de informações. Na realidade, ele recolhe dados e produz informações incessantemente. Trata-se de um centro de informações para a produção. Nesse sentido, o PCP apresenta três fases principais: projeto de produção, planejamento da produção e controle da produção.

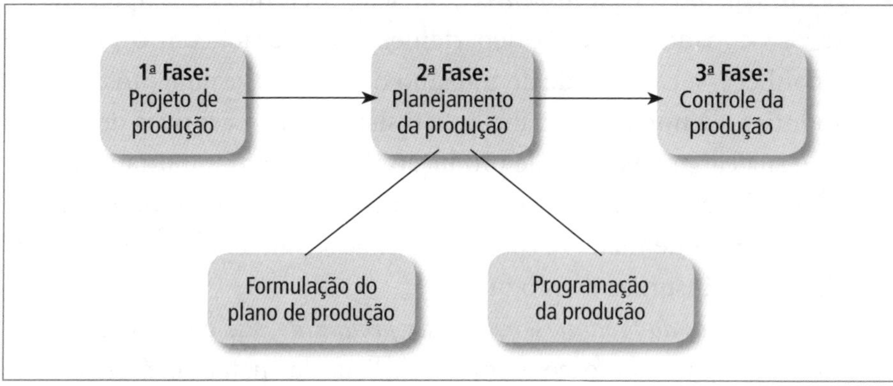

Figura 2.7 – As três fases do PCP.

Abordaremos a seguir a primeira fase (projeto de produção). As demais fases (planejamento da produção e controle da produção) serão tratadas nos capítulos seguintes.

Projeto de produção

Também chamado de pré-produção ou planejamento de operações, o projeto de produção constitui a primeira fase do PCP. Nessa fase, procura-se definir como o sistema de produção funciona e quais as suas dimensões, com o propósito de estabelecer os parâmetros do PCP. O projeto de produção é relativamente permanente e sofre poucas mudanças com o tempo, a não ser que ocorram alterações com a aquisição de novas máquinas, novas tecnologias etc. E é fundamental entender que todas essas alterações provocarão algum tipo de ajuste no projeto de produção. O projeto de produção constitui um esquema básico que se fundamenta nos seguintes aspectos do sistema de produção da empresa:

- *Quantidade e características das máquinas e dos equipamentos e das baterias de máquina em cada departamento ou seção*, a fim de conhecer a capacidade de produção das máquinas de cada departamento ou seção produtiva da empresa.
- *Quantidade de pessoal disponível*, ou seja, o efetivo de empregados e cargos ocupados em cada departamento ou seção, com o propósito de conhecer a capacidade de trabalho de cada departamento ou seção produtiva. O horário de trabalho e o sistema de incentivos de produção e sua carga adicional de produção são também importantes.
- *Volume de estoques e tipos de matérias-primas*, bem como procedimentos de requisição de materiais ao almoxarifado, para conhecer a disponibilidade de insumos de produção.
- *Características do produto/serviço a ser produzido*, sua composição e lista de materiais que o constituem. A lista de materiais é geralmente acompanhada de um gráfico de explosão do produto, ou seja, um gráfico que mostre as diversas partes que compõem um produto tal, como se elas tivessem explodido dele.
- *Métodos e procedimentos de trabalho*, bem como cálculos dos tempos de execução das tarefas através dos boletins de operação (BO), para conhecer como o trabalho deve ser realizado e qual a sua duração.
- *Tamanhos dos lotes econômicos de produção*, para conhecer qual o volume de produção ideal a ser realizado de cada vez.

Cada um desses aspectos do sistema de produção da empresa é detalhado por meio de inventários ou relatórios, como mostram os Quadros 2.4, 2.5 e 2.6, e a Figura 2.8.

- *Inventário de máquinas por seção*: proporciona um levantamento das máquinas e dos equipamentos disponíveis em cada seção e sua respectiva capacidade de produção. A capacidade de produção é geralmente definida em quantidade de produção (em peças, metros ou quilogramas) por período (por hora, dia, semana ou mês).

Quadro 2.4 – Inventário de máquinas por seção.

Seção	Quantidade	Máquinas	Características
Preparação	2	Moedeiras	Pffeifer PF 1000 – 500 kg
	1	Secadeira	Hommans HS 202 – 1 t.
	1	Misturadeira	Hommans HE 500 – 1 t.
Moldagem	4	Injetoras	Spearman S 490 – 500 kg
	4	Injetoras	Spearman 900 – 480 kg
	4	Extrusoras	Signet K 20 – 500 kg
Pré-Montagem	10	Linhas de montagem	Hoffstede HF 1000

- *Efetivo de pessoal por seção*: proporciona um levantamento dos funcionários e respectivos cargos ocupados por seção, proporcionando uma idéia da força de trabalho existente na produção. A força de trabalho deve ser proporcional à capacidade de produção, isto é, o efetivo de pessoal deve ser suficiente para operar as máquinas e os equipamentos, a fim de obter a quantidade de produção no período.

Quadro 2.5 – Efetivo de pessoal por seção.

Seção	Efetivo	Cargos	Observações
Preparação	5	Operadores	
	3	Escolhedores	
	8	Ajudantes	
Moldagem	15	Operadores	
	17	Ajudantes	
Pré-montagem	1	Técnico	
	21	Montadores	
	11	Ajudantes	

- *Inventário de estoque de matérias-primas*: permite uma visão das matérias-primas disponíveis em estoque e das necessidades de compra em curto e médio prazos, para garantir a continuidade da produção.

O estoque de matérias-primas e as compras programadas devem ser suficientes para abastecer o processo produtivo no período de tempo considerado.

Quadro 2.6 – Inventário de estoque de matéria-prima.

Item	Fornecedor	Estoque	Dias de produção
Plástico bruto	Alfa S.A.	30 t	30
Resina básica	Ducolor Ltda.	200 Bar	22
Poliestireno	Ducolor Ltda.	85 Bar	8
PVC	Químic S.A.	240 kg	15

Todos esses aspectos do sistema de produção formam o arcabouço do projeto de produção no qual o PCP deverá se basear.

O projeto de produção procura oferecer uma visão ampla de todo o conjunto do sistema de produção da empresa e de todos os seus detalhes e possibilidades.

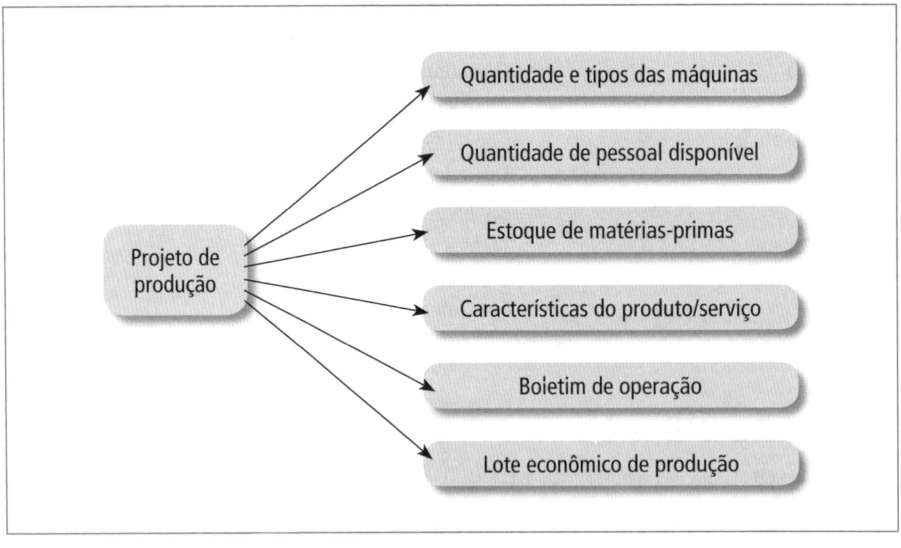

Figura 2.8 – O arcabouço do projeto de produção.

Elaborada a primeira fase (projeto de produção), pode-se dar início à segunda fase, que é o planejamento da produção, assunto a ser tratado no próximo capítulo.

Quadro 2.7 – O detalhamento do projeto de produção.

Projeto de produção	**Detalhamento**
Características das máquinas	Capacidade de produção de cada máquina, de cada bateria e de cada seção produtiva.
Efetivo de pessoal	Quantidade de empregados por cargo e por seção produtiva. Horários de trabalho.
Estoque de matéria-prima	Itens de matérias-primas e volumes de estoque para cada item. Controle de estoque. Procedimentos de requisição de MP.
Características do produto/serviço	Composição produto/serviço e lista de materiais (gráficos de explosão) utilizados.
Boletim de operações	Sequência e cadência do processo produtivo. Movimentação de MP e seus gargalos e demoras.
Lote econômico de produção	Tamanho ideal do lote de produção para proporcionar maximização de resultados e minimização de custos de MP e PA.

MRP e MRP II

O MRP I – mais conhecido por MRP (*material requirement planning*) – ou planejamento das necessidades de materiais decorre da necessidade de atender às necessidades de mercado quanto aos produtos acabados que são realmente entregues ao consumidor. Em razão disso, surgem as necessidades de materiais. Se uma empresa automobilística pretende montar e entregar um certo número de carros, ela necessitará de um certo número de pneus. Como as empresas quase sempre produzem mais de um produto, elas requerem um grande número de peças ou componentes comuns, o que complica o planejamento de materiais.

Como um sistema destinado a minimizar o investimento em inventário, o MRP utiliza o seguinte esquema baseado em computador:

um determinado produto explode em todos os seus componentes até o último nível de detalhamento, para definir a lista de materiais ou lista técnica (ou o BOM = *bill of material*). A lista de materiais constitui a espinha dorsal do MRP, que funciona como um *software* para processar todos os dados sobre os itens comuns a vários produtos e verificar se há disponibilidade nos estoques, para então emitir a lista dos itens faltantes (Martins e Laugeni, 2005, p.354).

A estrutura do produto explodida decompõe o produto em seus elementos componentes para a composição da lista de materiais, como na Figura 2.9.

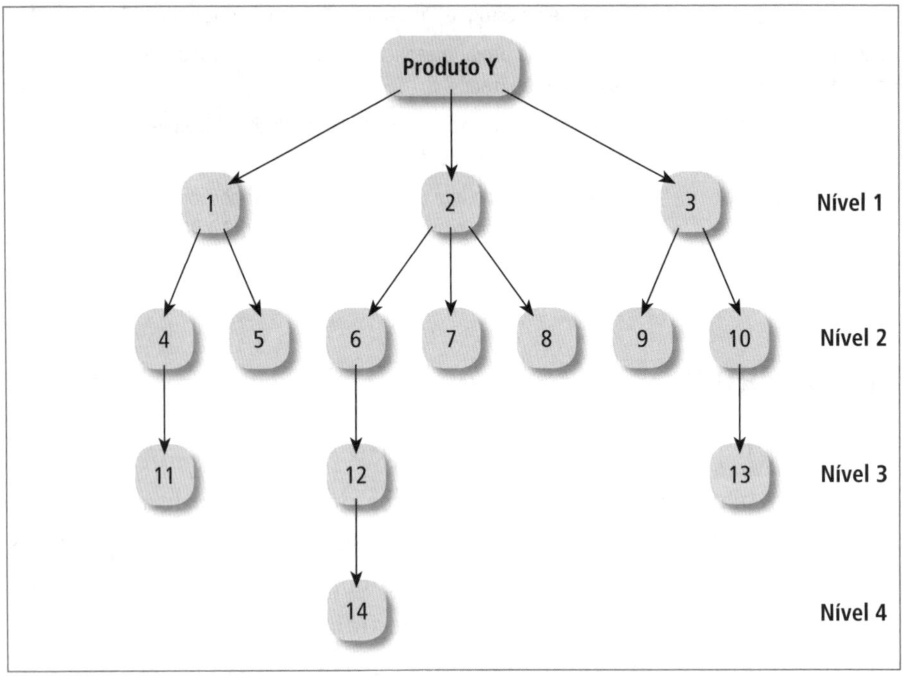

Figura 2.9 – Esquema de explosão do produto.

Para manter um nível de estoque de materiais – a fim de evitar falta ou excesso dos materiais envolvidos –, cada produto deve ser explodido em seus componentes a partir dos seguintes dados:

Previsão de vendas – Estoque de produto acabado = Previsão líquida de vendas

Com base na previsão de vendas, elabora-se o plano mestre de produção para conhecer a demanda de materiais para atendê-lo.

Programa mestre de produção X Lista de materiais = Demanda de materiais

Com a demanda de materiais pode-se chegar às necessidades de materiais, como apontado a seguir:

Demanda de materiais + Estoque físico – Saldo de pedidos = Necessidades de materiais

Recentemente, o conceito de MRP foi expandido para planejamento dos recursos de manufatura (*manufacturing resources planning*) com a adoção da sigla MRP II e, mais adiante, para planejamento dos recursos da empresa (*enterprise resources planning*) ou ERP. O MRP II trata da manufatura (produção) como um todo e não apenas dos materiais necessários à produção.

O MRP II funciona a partir do plano mestre que define os estoques de materiais (envolvendo estoques de componentes de dependentes), a lista de materiais, a disponibilidade de mão de obra, a disponibilidade de equipamentos para, então, gerar as necessidades de compras ou as ordens de compras (para itens fornecidos por terceiros) e as ordens de produção (para os itens de fabricação própria). Tudo isso ocorre por meio de um planejamento das prioridades, tendo como base o plano mestre.

O MRP II envolve funções de planejamento empresarial, previsão de vendas, planejamento dos recursos produtivos, planejamento da produção, planejamento das necessidades de produção, controle e acompanhamento da fabricação, compras e contabilização dos custos, e criação e manutenção da infraestrutura de informação industrial. Para criar e manter uma infraestrutura de informação, o MRP II envolve o cadastro

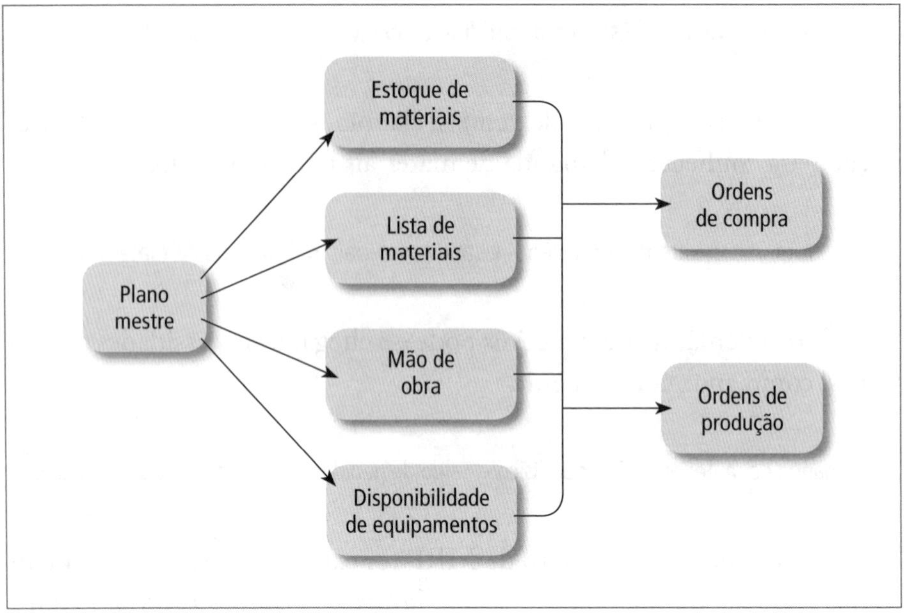

Figura 2.10 – Esquema do MRP II.

de materiais, a estrutura do produto (lista de materiais), a infraestrutura industrial (equipamentos), o saldo de estoques, as ordens em aberto, as rotinas de processo etc.

O sistema de planejamento das necessidades de materiais permite visualizar facilmente o impacto de qualquer mudança no plano mestre ou qualquer replanejamento. Com base nisso, é possível adotar medidas corretivas sobre o estoque planejado em excesso ou para cancelar ou reprogramar pedidos e manter continuamente os estoques em níveis razoáveis. Por seu turno, a administração de materiais deve procurar melhorar continuamente a rotatividade de estoque, o atendimento ao cliente, a produtividade da mão de obra, a utilização da capacidade e os custos de material, do transporte e do sistema. Ou seja, atender o cliente da melhor forma e com o menor investimento em estoque. O objetivo do MRP II é superar esse desafio.

QUESTÕES PARA REVISÃO

1) O que é eficiência?
2) O que é eficácia?
3) Qual é o papel do PCP em relação à eficiência e à eficácia?
4) Defina planejamento.
5) Defina controle.
6) Qual é a situação do planejamento e do controle no processo administrativo?
7) Conceitue PCP.
8) Qual é a finalidade do PCP?
9) Quais são as funções do PCP?
10) Explique as inter-relações entre o PCP e as áreas da empresa.
11) O que é um princípio?
12) Quais são os princípios do planejamento da produção?
13) Quais são os princípios do controle de produção?
14) Explique o princípio da definição do objetivo.
15) Explique o princípio da flexibilidade do planejamento.
16) Explique o princípio do objetivo.
17) Explique o princípio da definição dos padrões.
18) Explique o princípio da exceção.
19) Explique o princípio da ação.
20) Quais são os sistemas de produção?
21) Quais são os sistemas de PCP?
22) Descreva as características do PCP em produção unitária.
23) Descreva as características do PCP em produção sob encomenda.
24) Descreva as características do PCP em produção contínua.
25) Compare o aproveitamento da mão de obra em cada um dos sistemas de produção.
26) Compare o planejamento e controle do almoxarifado de MP em cada um dos sistemas de produção.
27) Compare o planejamento e controle do subsistema de produção em cada um dos sistemas de produção.

28) Compare o planejamento e controle do depósito de produto acabado (PA) em cada um dos sistemas de produção.
29) Quais são as fases do PCP?
30) Explique sucintamente a primeira fase do PCP: o projeto de produção.
31) Explique sucintamente o detalhamento do projeto de produção.
32) Explique o MRP.
33) Explique o MRP II.
34) O que significa ERP.

Exercícios

1) Sugira quais os critérios para avaliar a eficiência e a eficácia da escola onde você estuda ou da empresa em que trabalha. Fundamente suas sugestões.
2) Caracterize o produto/serviço produzido pela sua escola ou empresa e faça um gráfico de explosão para demonstrar como ele está constituído.
3) Elabore um projeto de produção para sua escola ou empresa e apresente os inventários necessários para acompanhá-lo.
4) A seguir faça um detalhamento para complementar o projeto de produção.
5) Como você adaptaria as MP, o subsistema de produção e os PA de sua escola ou empresa, de acordo com os conceitos apresentados neste capítulo?
6) Em qual sistema de produção você enquadraria sua escola ou empresa? Explique.

Capítulo
3
Planejamento da produção

Tópicos deste capítulo

- Conceito de planejamento da produção
- Finalidade do planejamento da produção
- Organização do planejamento da produção
- Fases do planejamento da produção
- Plano de produção: fatores determinantes
- Previsão de vendas
- Capacidade de produção
- Elaboração do plano de produção
- *Just-in-time*
- Questões para revisão
- Exercícios

Conceito de planejamento da produção

Nenhuma empresa funciona na base da improvisação. Nada é feito aleatoriamente. Tudo precisa ser planejado antecipadamente para evitar desperdícios, perdas de tempo, atrasos ou antecipações desnecessários. O processo produtivo deve funcionar como um relógio, desde que seja devidamente planejado. O planejamento da produção (PP) constitui a segunda fase do PCP, vindo logo depois do projeto de produção.

O planejamento da produção (PP) é vital para o sucesso da empresa: fundamenta-se na previsão de vendas como base no que a empresa pretende colocar no mercado e na capacidade de produzir. Com esses dois pontos de fundamentação, o PP programa as máquinas, as matérias-primas e a mão de obra para extrair desse conjunto de recursos um resultado de produção que seja compatível com sua capacidade de produção e com a previsão de vendas, descontando eventuais estoques de produtos acabados disponíveis.

Elaborado o projeto de produção, a segunda fase do PCP é o PP. O planejamento de produção é o estabelecimento, *a priori*, daquilo que a empresa deverá produzir, tendo em vista, de um lado, a sua capacidade de produção e, de outro, a previsão de vendas que deve ser atendida. O PP é um conjunto de funções integradas que visam orientar o processo produtivo em razão dos objetivos da empresa e dos recursos empresariais disponíveis. Como já apontado, os objetivos da empresa estão configurados na previsão de vendas, enquanto os recursos empresariais disponíveis definem a sua capacidade de produção.

Tendo assim o balizamento da previsão de vendas (quantidade de produtos que a empresa espera vender no decorrer do exercício) e da capacidade de produção (os recursos empresariais disponíveis), o PP procura compatibilizar a eficácia (alcance dos objetivos de vendas) e a eficiência (utilização rentável dos recursos disponíveis). Nesse sentido, o PP procura coordenar e integrar máquinas, pessoas, matérias-primas, materiais em vias e processos produtivos em um todo sistêmico e harmonioso.

Finalidade do planejamento da produção

Para produzir com o máximo de eficiência, toda empresa precisa planejar sua produção. Vimos que a eficiência representa a utilização racional e intensiva dos recursos empresariais. Quanto melhor for a utilização racional e intensiva dos recursos produtivos, tanto maior será a eficiência. Para obter eficiência, deve-se planejar melhor. O mesmo ocorre com a eficácia. Ela representa o alcance ótimo dos objetivos pretendidos. A produção eficaz significa a produção planejada entregue no tempo planejado e no custo esperado. Para obter eficácia, deve-se planejar melhor. A finalidade do PP é obter simultaneamente a melhor eficiência e eficácia do processo produtivo.

Figura 3.1 – A eficiência e eficácia do processo produtivo como finalidades do planejamento da produção.

Enquanto a eficiência está voltada para o interior do processo produtivo, a eficácia está voltada para os resultados do processo produtivo.

A finalidade do PP é, então, planejar as atividades produtivas da empresa, adequando-as à sua capacidade de produção e à previsão das vendas.

Em suma, o PP procura definir antecipadamente o que se deve fazer, quanto fazer, quando fazer, quem deve fazer e como fazer.

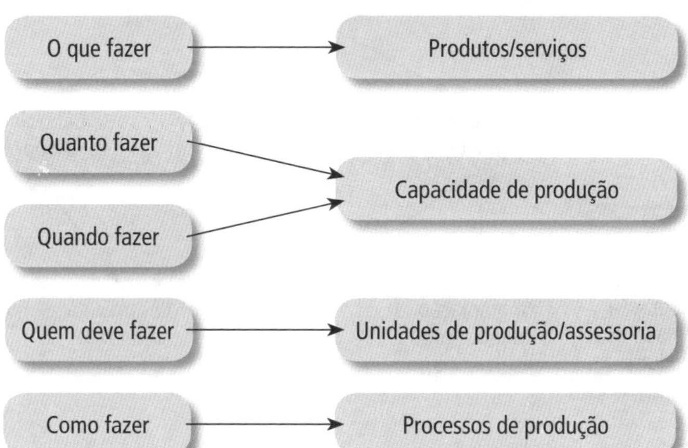

Figura 3.2 – As definições do planejamento da produção.

ORGANIZAÇÃO DO PLANEJAMENTO DA PRODUÇÃO

O órgão de planejamento e controle da produção (PCP) é uma unidade de *staff*, ou seja, de assessoria e de planejamento e controle. O PCP busca assessorar a gerência ou diretoria de produção da empresa, a quem está subordinado, formulando os planos de produção adequados às expectativas da empresa e controlando o processo produtivo para garantir o alcance dos objetivos propostos.

Em geral, o órgão de PCP é constituído dos seguintes setores ou seções:

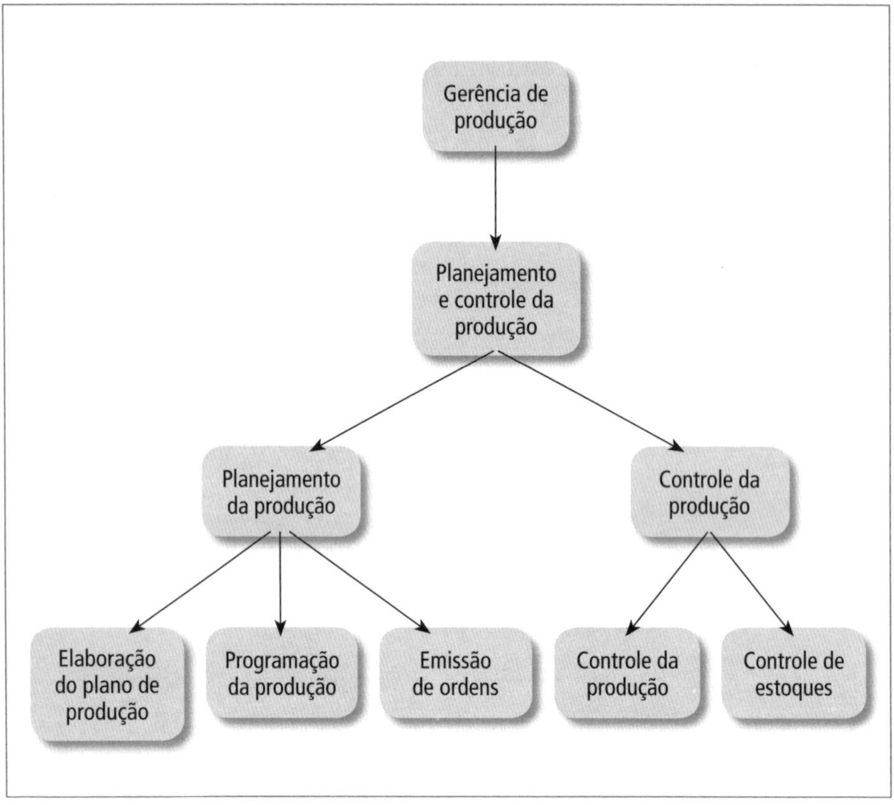

Figura 3.3 – A organização do planejamento e controle da produção.

FASES DO PLANEJAMENTO DA PRODUÇÃO

Tendo em vista o projeto de produção sobre os recursos disponíveis, o PP obedece às seguintes fases: elaboração do plano de produção, programação da produção (máquinas, materiais e mão de obra), emissão de ordens de produção e liberação da produção.

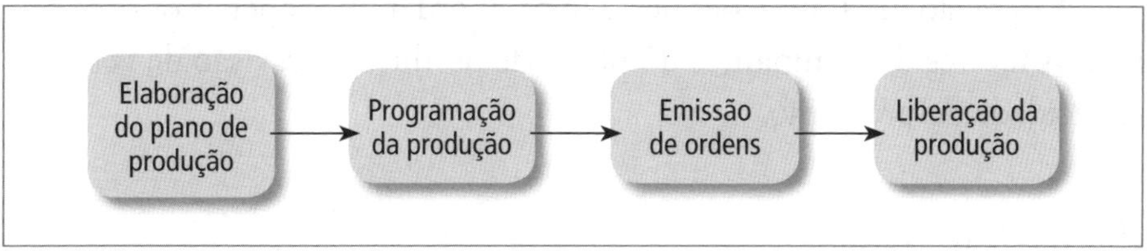

Figura 3.4 – As quatro fases do planejamento da produção.

Cada uma dessas quatro fases do PP será a seguir abordada separadamente, neste capítulo e no próximo.

PLANO DE PRODUÇÃO: FATORES DETERMINANTES

O plano de produção representa aquilo que a empresa pretende produzir num determinado exercício ou período. Geralmente, esse exercício ou período é de um ano, quando se trata de produção contínua ou em lotes. Quando se trata de produção sob encomenda e produto de grande porte (como construção de navios, de edifícios ou de fábricas, por exemplo), o plano de produção cobre o tempo necessário para a execução do produto.

O plano de produção está sujeito a fatores determinantes que podem constituir vantagens que a empresa pode aproveitar ou restrições e limitações que a impedem de produzir mais.

Os principais fatores determinantes do plano de produção são os seguintes:

- *Previsão de vendas*, que constitui a expectativa de vendas da empresa.
- *Capacidade de produção*, que representa o potencial produtivo da empresa.
- *Disponibilidade de matérias-primas (MP)* no mercado fornecedor.
- *Recursos financeiros* que a empresa tem à sua disposição para adquirir matérias-primas e demais recursos para produzir.

Em razão das limitações deste livro, abordaremos apenas os dois primeiros fatores determinantes do plano de produção: previsão de vendas e capacidade de produção.

Previsão de vendas

A previsão de vendas representa a quantidade de produtos/serviços que a empresa pretende ou espera vender e colocar no mercado durante um determinado exercício de tempo. A previsão de vendas deve especificar cada produto/serviço da empresa e as vendas previstas para cada mês do exercício. Essa quantidade de vendas prevista mensalmente representa a quantidade de produtos/serviços que deve ser produzida e colocada à disposição do órgão de vendas para a entrega aos clientes. É este o compromisso do plano de produção: produzir e oferecer ao órgão de vendas a quantidade certa e no momento certo dos produtos/serviços, conforme a previsão de vendas. Assim, a previsão de vendas funciona como uma espécie de bússola ou elemento orientador para a produção.

Quem elabora a previsão de vendas é o órgão de vendas ou de marketing da empresa, considerando as vendas efetuadas no passado e as expectativas de vendas no futuro. À medida que o tempo passa, a previsão de vendas costuma ser alterada para mais ou para menos, o que dependerá das circunstâncias, da conjuntura, do andamento das vendas, das favorabilidades ou dificuldades que podem surgir no meio do caminho etc. Conforme a previsão de vendas é alterada, o plano de produção também é alterado para poder acompanhá-la. Em resumo, o plano de produção visa abastecer a área de vendas com a quantidade de produtos/

serviços que devem ser entregues aos clientes nas épocas determinadas pela previsão de vendas.

A previsão de vendas pode ser mais detalhada conforme as necessidades da empresa ou envolver um período mais prolongado do que um ano, se houver dependência de fornecedores de matérias-primas.

Quadro 3.1 – Previsão de vendas para efeito de planejamento de produção.

	Previsão de vendas em unidades nos meses de:								
Produtos	**Jan**	**Fev**	**Mar**	**Abr**	**Mai**	**Jun**	**Jul**	**Ago**	**Total**
A	200	300	500	800	1.000	1.000	1.000	1.200	6.000
B	100	200	300	400	500	500	500	500	3.000
C	100	200	300	400	500	500	500	500	3.000
Totais	400	700	1.100	1.600	2.000	2.000	2.000	2.200	12.000

Capacidade de produção

A capacidade de produção da empresa constitui o potencial produtivo de que ela dispõe; é aquilo que a empresa pode produzir em condições normais. Em outras palavras, representa o volume ideal de produção de produtos/serviços que a empresa pode realizar. Contudo, nem sempre esse volume ideal significa o volume máximo de produção que a empresa pode suportar em um regime intensivo de horas extras e de utilização ininterrupta de equipamentos. O volume ideal de produção representa um nível adequado de atividades que permita o máximo de lucratividade e o mínimo de custos de produção, de mão de obra, de manutenção etc.

A capacidade de produção da empresa depende, por sua vez, de quatro subfatores, a saber: a capacidade instalada, a mão de obra disponível, a matéria-prima disponível e os recursos financeiros. Vejamos cada um desses quatro subfatores:

- *Capacidade instalada*: é a quantidade de máquinas e equipamentos que a empresa possui e o potencial de produção que eles permitem alcançar. A capacidade instalada representa a produção possível, se todas as máquinas e equipamentos estiverem plenamente disponíveis e em funcionamento ininterrupto. Contudo, nem sempre as máquinas e os equipamentos estão prontos e disponíveis, pois pode haver necessidade de manutenção, reparos, troca de peças, paradas por defeitos etc., provocando a paralisação de algumas unidades por algum tempo. Por um lado, quando o plano de produção exige uma produção maior do que a permitida pela capacidade instalada, torna-se necessária a aquisição de novas máquinas e equipamentos – o que pode exigir alguma demora – ou então o trabalho em regime intensivo de horas extras ou em diversos turnos de horário de trabalho. Por outro, máquinas e equipamentos velhos geralmente exigem maior número de paradas para manutenção. Se o índice de manutenção de máquinas for de 6%, por exemplo, isso significa que 6% das máquinas e equipamentos estão, em média, parados para consertos ou reparos. Nesse caso, a empresa pode contar com apenas 94% do seu parque de máquinas.

- *Mão de obra disponível*: é a quantidade de pessoas com que a empresa pode contar para executar o plano de produção. As máquinas não funcionam sozinhas e dependem dos operários habilitados para operá-las e mantê-las em funcionamento. Quando se fala em pessoas disponíveis, deve-se atentar para alguns detalhes importantes: nem sempre a totalidade dos empregados está plenamente disponível para trabalhar, pois alguns estão em férias, ou em licença médica, outros ausentes por diversos motivos particulares. É o chamado absenteísmo ou ausentismo (índice de faltas e ausências). Há ainda os casos em que muitos empregados se desligam ou são demitidos da empresa. É a chamada rotação ou rotatividade de pessoal (índice de rotação de pessoal). E pode ocorrer alguma demora na substituição de empregados desligados. A administração de pessoal calcula os índices percentuais de absenteísmo e de rotatividade de pessoal que devem ser levados em conta na determinação da mão de obra disponível. Se o índice de absenteísmo de uma empresa é de 3%, por exemplo, isso significa que no período considerado a empresa pode contar com apenas 97%

do seu pessoal, pois os restantes 3% estão ausentes por qualquer motivo. Se o índice de rotatividade é de 4%, por exemplo, isso significa que no período considerado a empresa não dispõe desse pessoal. Se uma empresa tem um efetivo de pessoal de cem empregados, com um índice de absenteísmo de 3% e um índice de rotatividade de 4%, ela pode contar somente com 93 empregados. É essa a sua mão de obra disponível para produzir.

- *Matéria-prima disponível*: representa a matéria-prima básica, os materiais e insumos que os fornecedores entregam à empresa para abastecer a produção. Convém lembrar que a empresa depende dos fornecedores para obter as matérias-primas e os materiais para a realização da sua produção. A falta de matérias-primas e de materiais pode reduzir ou paralisar a produção. Deve-se levar em conta, também, que a obtenção de matérias-primas não é imediata: há sempre um prazo para se localizar o fornecedor no mercado, fazer a compra e aguardar a entrega do pedido. Essa demora constitui o prazo entre verificar a necessidade da matéria-prima e recebê-la do fornecedor.
- *Recursos financeiros disponíveis*: a capacidade financeira de fazer investimentos em produção, em comprar matérias-primas, adquirir máquinas e equipamentos é um importante subfator da capacidade produtiva.

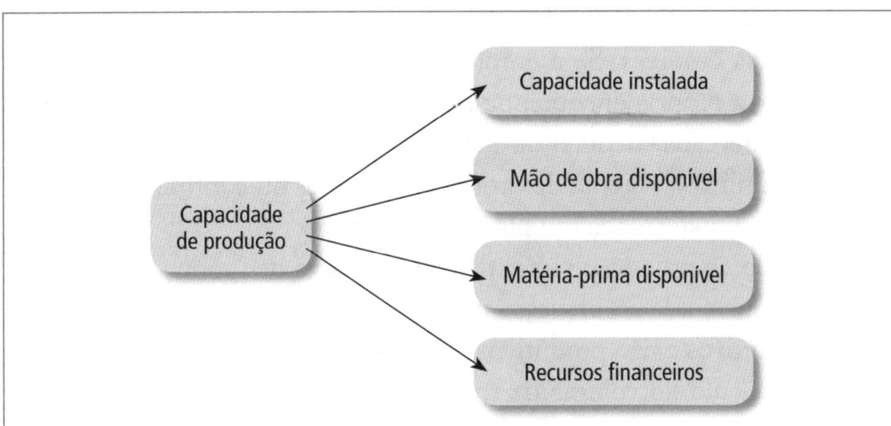

Figura 3.5 – Subfatores que determinam a capacidade de produção.

A capacidade de produção da empresa precisa ser convenientemente aplicada e explorada para tornar os recursos empresariais (ou fatores de produção, como já vimos anteriormente) rentáveis e evitar o desperdício de tempo, de esforços e de dinheiro.

Elaboração do plano de produção

O plano de produção ou plano mestre representa aquilo que a empresa pretende produzir num determinado período. Vimos que o plano de produção depende de quatro fatores determinantes que o envolvem e condicionam. Para fins didáticos, vamos pressupor que dois dos fatores determinantes são favoráveis: existe disponibilidade de matérias-primas no mercado fornecedor e há recursos financeiros disponíveis na empresa. Lidaremos, portanto, com apenas dois fatores determinantes: a previsão de vendas e a capacidade de produção da empresa. Se a previsão de vendas é equivalente à capacidade de produção, as coisas ficam mais fáceis. Se a previsão de vendas é menor do que a capacidade de produção, haverá capacidade ociosa ou um maior esforço de vendas para aumentar a previsão. Se a previsão de vendas for maior do que a capacidade de produção, haverá perda de vendas ou necessidade de aumentar a capacidade de produção por meio da aquisição de novas máquinas e equipamentos.

A elaboração do plano de produção depende do sistema de produção utilizado pela empresa. Se a empresa utiliza o sistema de produção sob encomenda, a própria encomenda ou pedido é que vai definir o plano de produção, pois cada encomenda é em si mesma um plano de produção. Se a empresa utiliza o sistema de produção em lotes ou contínua, a previsão de vendas é transformada em plano de produção.

O plano de produção visa estabelecer a carga de produção ou de trabalho a ser atribuída ao processo produtivo da empresa, isto é, a todos os órgãos produtivos e não produtivos vinculados à produção. A carga de trabalho é o cálculo do volume de trabalho a ser atribuído a cada seção ou máquina, em um determinado período de tempo, para atender ao plano de produção.

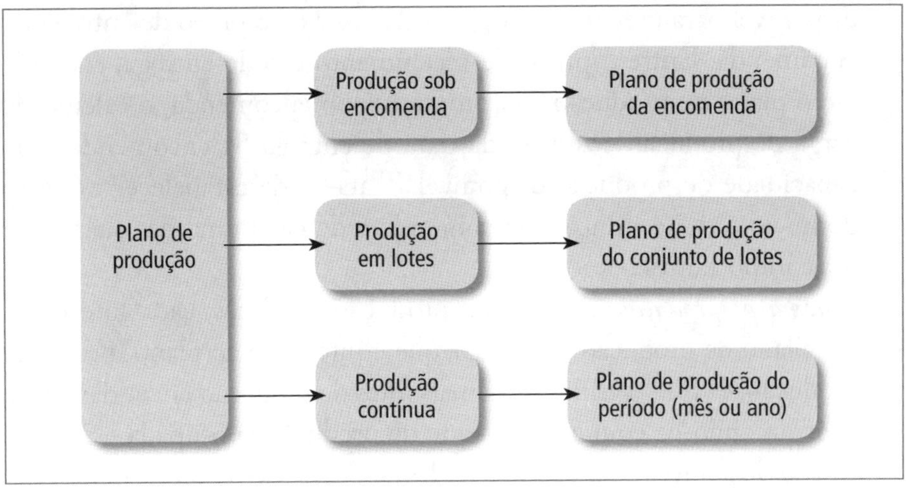

Figura 3.6 – A influência dos sistemas de produção na elaboração do plano de produção.

Vejamos como se elabora o plano de produção em cada um dos sistemas de produção:

- *Sistema de produção sob encomenda*: na produção sob encomenda, cada produto exige um plano de produção específico, em face do seu tamanho e da sua complexidade. O próprio pedido ou encomenda serve de base para a elaboração do plano de produção do produto/serviço.

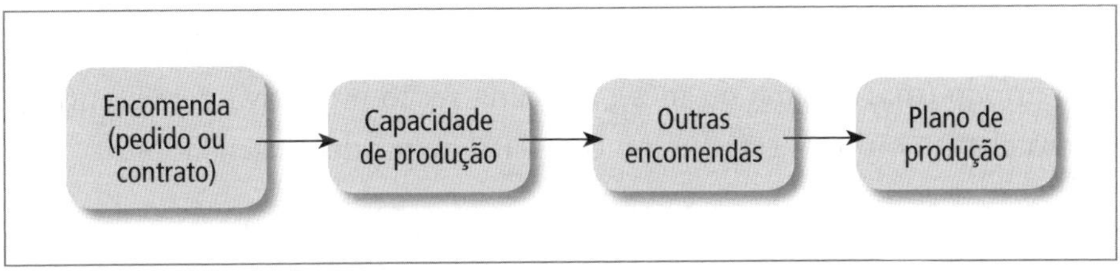

Figura 3.7 – O plano de produção para encomenda.

Quando a empresa recebe a encomenda – pedido ou contrato –, o PCP verifica as outras encomendas em andamento na produção, confrontando-as com a capacidade de produção já ocupada e a capacidade disponível para executá-la. A partir daí, calcula o prazo de entrega da encomenda. Entre o prazo de recebimento e o de entrega, elabora-se o plano de produção. Na produção sob encomenda, o cálculo da carga de produção é função da data de entrega da encomenda e da capacidade de produção disponível. Trata-se de estabelecer as datas de início e de término da encomenda e de cada uma das suas fases mais importantes.

- *Sistema de produção em lotes*: na produção em lotes, cada lote exige um plano de produção específico, que é integrado ao plano mestre de produção. O PCP verifica os demais lotes de produção em andamento, confrontando-os com a capacidade de produção já ocupada e a capacidade disponível para executá-lo. Então, parte-se da previsão de vendas para se conhecerem as datas de entrega do produto acabado (PA). Entre o prazo de entrada do lote e as datas de entrega previstas para vendas, elabora-se o plano de produção do lote. O cálculo da carga de produção é função das datas estabelecidas na previsão de vendas.
- *Sistema de produção contínua*: na produção seriada ou contínua, todo o processo produtivo está voltado para um único produto. Nesse caso, a capacidade de produção costuma ser expressa em número de unidades produzidas por dia, semana ou mês. Parte-se, então, da previsão de vendas para se conhecerem as datas de entrega e respectivas quantidades do produto acabado. A carga de trabalho é calculada para suprir continuamente as quantidades especificadas na previsão de vendas. O plano de produção visa estabelecer quantas unidades serão produzidas em cada período (dia, semana ou mês), em cada seção produtiva para a entrega ao cliente ou para estoque no depósito de produtos acabados.

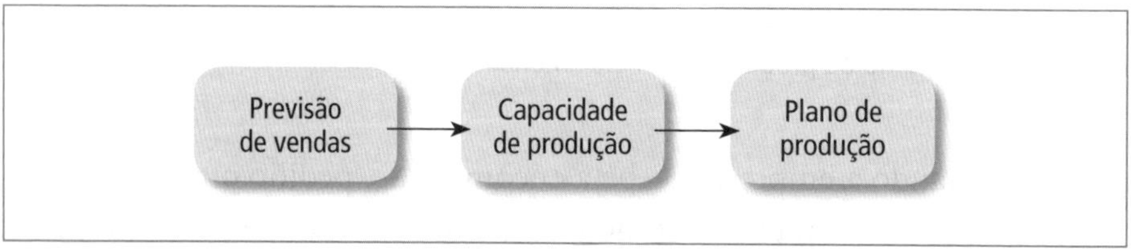

Figura 3.8 – O plano de produção contínua ou seriada.

No sistema de produção em lotes e de produção contínua, o plano de produção é função da previsão de vendas. Pode haver estoque de produtos acabados no depósito de PA, no início do período. O nível de estoque de PA que existe no depósito da empresa representa uma produção já executada no período anterior. O esquecimento de que no depósito de PA existem produtos já produzidos pelo plano de produção do período anterior pode provocar um grave erro de planejamento da produção.

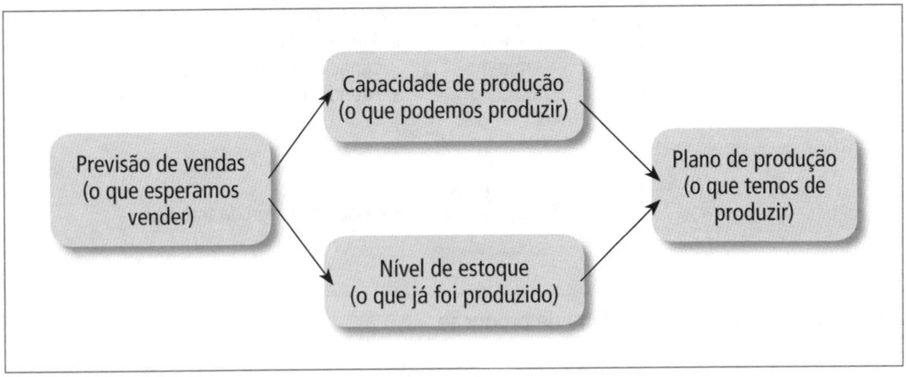

Figura 3.9 – A elaboração do plano de produção.

O plano de produção – qualquer que seja o sistema de produção utilizado pela empresa – deve dimensionar a carga de trabalho que aproveite integralmente a capacidade de produção da empresa. De um lado, o dimensionamento da carga de trabalho não pode ser exagerado, o que provocaria sobrecarga. Sobrecarga é a atribuição de carga acima da capacidade de produção. De outro, o dimensionamento muito aquém dessa capacidade provoca capacidade ociosa. Capacidade ociosa é a capacidade de produção não aproveitada e que permanece sem utilização.

Tendo por base o plano de produção, o PCP passa a cuidar da programação da produção. Veremos adiante que a programação da produção nada mais é do que o detalhamento do plano de produção para que ele possa ser executado de maneira integrada e coordenada pelos diversos órgãos produtivos e demais órgãos de assessorias. É o que veremos no próximo capítulo.

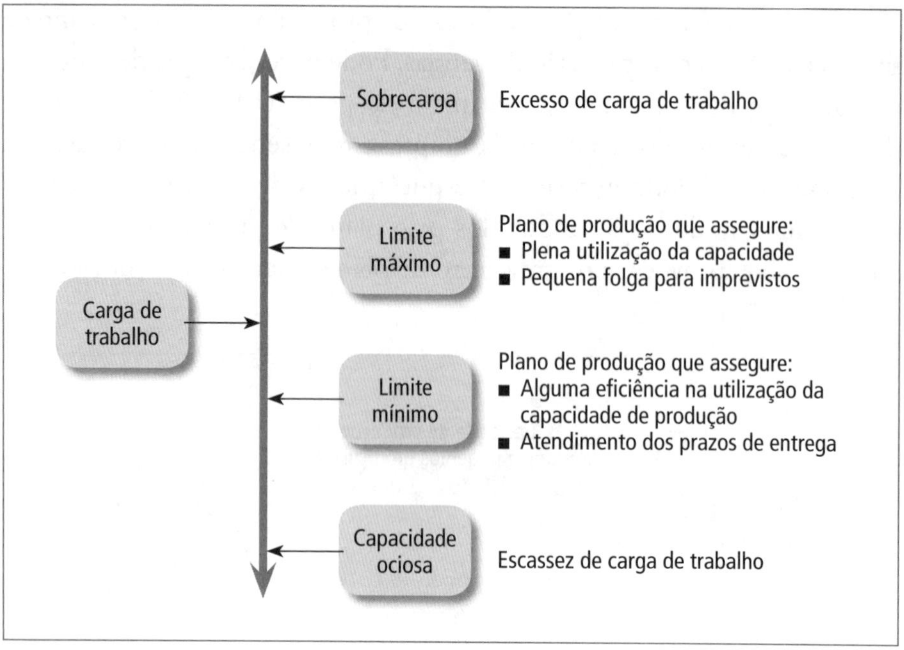

Figura 3.10 – Os limites do plano de produção.

Just-in-time

O sistema *just-in-time* (JIT) foi desenvolvido na Toyota com o propósito de eliminar ou reduzir desperdícios. Toda atividade que consome recursos e que não agrega valor ao produto é considerada um desperdício. É o caso de estoques elevados que custam dinheiro e ocupam espaço, transporte interno desnecessário, paradas intermediárias com inevitáveis esperas, ciclos de tempo de produção estendidos, refugos e retrabalho. Mais adiante, o conceito do JIT foi ampliado e tornou-se uma filosofia de trabalho não apenas focada na eliminação de desperdícios, mas principalmente em colocar o componente certo no lugar certo e na hora certa. Esse é o núcleo do sistema atual.

Os principais elementos que alicerçam o JIT são (Martins e Laugeni, 2005, p.404-5):

- *Programa mestre*: costuma ter o horizonte de um a três meses, para permitir que os postos de trabalho e os fornecedores externos possam planejar suas atividades. Em cada mês, o programa mestre é detalhado em bases diárias, a fim de garantir carga uniforme para as máquinas e para os fornecedores.
- *Kanban*: é um cartão para retirar as peças (ou materiais) em processamento de uma estação de trabalho e puxá-las para a próxima estação do processo produtivo. As partes processadas ou fabricadas são mantidas em contêineres. Quando todos os contêineres estão cheios, a máquina pára de produzir até que retorne outro contêiner vazio, que representa uma ordem de produção, em um processo circular. Dessa maneira, os estoques de materiais em processamento são limitados aos disponíveis nos contêineres. O programa mestre puxa as partes dos postos anteriores para os anteriores, em uma cadeia sucessiva. Se uma máquina pára por algum problema, todas as demais pararão quando seus contêineres estiverem cheios.
- *Tempos de preparação*: é um dos aspectos mais importantes do JIT para permitir flexibilidade. Eles devem ser reduzidos ao máximo, pois precisam resultar em menores estoques, menores lotes de produção e ciclos mais rápidos.
- *Funcionário multifuncional*: cada operador de máquina deve ser polivalente e capacitado para efetuar manutenção de rotina e pequenos reparos na máquina. Daí, o *total productive maintenance* (TPM) ou manutenção produtiva total que tem como objetivo ampliar as habilidades para as pessoas e mais espírito de equipe e de coordenação, pois não existem estoques disponíveis para cobrir problemas na produção.
- *Layout*: o estoque é baixo apenas o suficiente para manter o fluxo produtivo por poucas horas e é mantido no chão da fábrica entre as estações de trabalho e não em almoxarifados.
- *Qualidade*: o JIT é projetado para expor os erros e não os encobrir com os estoques sobressalentes. Os defeitos devem ser descobertos no próximo passo do processo produtivo.
- *Fornecedores*: os fornecedores são completamente integrados ao sistema JIT e recebem os contêineres vazios da mesma maneira como

os postos de trabalho interno, uma vez que são considerados uma extensão da fábrica. Fazem entregas frequentes (até várias vezes ao dia) diretamente à linha de produção com qualidade assegurada e não recebem nenhum tipo de inspeção no recebimento do material. Os fornecedores são parceiros da empresa.

A analogia do JIT

A produção é como um curso de água. O nível é como o estoque. No fundo do curso de água, estão as pedras que são os problemas, como *layout* inadequado, longos tempos de preparação das máquinas, excesso de refugo. Quando o nível está alto – estoques altos –, ele encobre todas as pedras e dá a aparência de que tudo está OK. Porém, quando baixamos o nível, os problemas se tornam visíveis.

O JIT muda toda a operação da empresa, tanto na programação como em fornecedores, *layout*, tamanho dos lotes, qualidade etc. Em contrapartida, permite maior giro do estoque, qualidade superior e vantagens de custo. Quase sempre o JIT é acompanhado pela filosofia da melhoria contínua, o *kaizen*.

É perfeitamente possível a coexistência no planejamento da produção de linhas trabalhando no sistema MRP e no sistema *just-in-time*, o que dependerá da organização da produção e das características de demanda dos clientes, uma vez que ambos buscam a maximização dos resultados pela otimização dos gargalos e redução de desperdícios.

O *just-in-time* na Ford

A Ford mantém um sistema totalmente integrado com um pequeno grupo de fornecedores – como a Goodyear e Plascar – que opera no chamado *just-in-time* sequencial. Cada fornecedor produz e entrega seus produtos no local, horário e ordem rigidamente combinados com a empresa cliente. A pontualidade é a base dessa parceria. A Johnson Controls (JC) é uma fornecedora exclusiva de bancos para os carros da montadora. As fábricas da Ford e da JC – ambas situadas em São Bernardo do Campo, no ABC paulista – funcionam sincronizadamente a partir das 6h50. Tudo é minuciosamente cronometrado.

Pelo computador a Ford comunica quais modelos começam a ser produzidos na sua linha de montagem, enquanto na fábrica da JC inicia-se a corrida contra o relógio: 30 minutos para produzir um lote de 48 bancos mais 10 minutos para o seu transporte até o sistema de embarque no caminhão em uma sequência rígida: o primeiro banco produzido será o último a entrar na carroceria do transporte, pois chegará na ordem em que deverá ser montado no automóvel da montadora. São gastos 10 minutos para carregar o caminhão e emitir a nota fiscal. A viagem até a fábrica da Ford é feita em 30 minutos. Da portaria da montadora, onde a nota fiscal é checada, até o ponto de desembarque são mais 20 minutos. Os restantes 20 minutos são gastos com a descarga e a chegada do lote no ponto exato da montagem dos bancos na linha de produção. Toda essa operação é repetida cerca de 20 vezes todos os dias, totalizando 850 conjuntos de bancos.

Experimente colocar tudo isso em um cronograma. (Magella, 1997)

Questões para revisão

1) No planejamento da produção, a eficiência está voltada para quais aspectos?
2) E a eficácia?
3) Conceitue planejamento da produção.
4) Qual é a colocação do planejamento da produção no PCP?
5) Qual é a finalidade do planejamento da produção?
6) Quais são as fases do PP?
7) O que significa a primeira fase do PP?
8) Quais são os fatores determinantes do plano de produção?
9) Conceitue previsão de vendas.
10) O que representa a previsão de vendas para o plano de produção?
11) O que é capacidade de produção?
12) O que significa capacidade instalada?
13) Qual é a diferença entre capacidade instalada e capacidade de produção?

14) O que é capacidade necessária?
15) O que é mão de obra disponível?
16) O que é mão de obra necessária?
17) Defina matéria-prima disponível no mercado fornecedor.
18) Defina nível de estoque existente.
19) Defina carga de trabalho ou carga de produção.
20) O que significa sobrecarga?
21) O que significa capacidade ociosa?
22) Explique limite mínimo e limite máximo de carga de trabalho.
23) Descreva a elaboração do plano de produção.
24) Caracterize o plano de produção em produção sob encomenda.
25) Caracterize o plano de produção em produção em lotes.
26) Caracterize o plano de produção em produção contínua ou seriada.
27) Explique o *just-in-time* (JIT).
28) Explique os principais elementos do JIT.

Exercícios

1) Considere a escola em que você estuda ou a empresa onde trabalha. Tendo em vista o seu mercado, elabore, com base nos contatos com seus diretores e professores, uma previsão de vendas para o próximo exercício anual.

2) Após um levantamento da capacidade instalada e dos recursos humanos disponíveis (professores, funcionários etc.), calcule a capacidade de produção da sua escola.

3) No capítulo anterior, você enquadrou a sua escola ou empresa em um dos sistemas de produção. Agora elabore um plano de produção para o ano letivo ou ano fiscal e a carga de trabalho das diversas seções produtivas (classes).

Capítulo

4

Programação da produção

Tópicos deste capítulo

- Introdução
- Conceito de programação da produção
- Técnicas de programação da produção
- Fases da programação da produção
- Emissão de ordens
- Sistemas de emissão de ordens
- Liberação da produção
- Questões para revisão
- Exercícios

Introdução

Terminada a elaboração do plano de produção, o passo seguinte é colocá-lo em ação e fazê-lo funcionar. Em outros termos, o plano de produção deve ser implementado para que se passe à sua execução. Como esse plano cobre um período de tempo geralmente longo, ele deve ser detalhado e transformado em programas de execução diária. Esses programas devem ter praticidade suficiente para dar ordens claras e simples a todas as unidades ou seções envolvidas direta e indiretamente no processo produtivo da empresa. Além disso, esses programas são elaborados para garantir a interação e coordenação de todas as unidades envolvidas. Assim, a programação da produção corresponde ao detalhamento do plano de produção e à sua transformação em ordens de produção ou de compra, que deverão ser executadas cotidianamente pelas respectivas seções envolvidas.

Conceito de programação da produção

A partir da elaboração do plano de produção, o passo seguinte é a programação de sua execução. Como o plano de produção é muito amplo e genérico, a programação da produção precisa detalhá-lo para que possa ser executado no dia a dia da empresa. Programar produção significa determinar quando deverão ser realizadas as tarefas e operações de produção e quanto deverá ser feito. Na realidade, programar a produção é estabelecer uma agenda de compromissos para as diversas unidades envolvidas no processo produtivo da empresa. Mais do que isso, a programação da produção visa estabelecer um fluxo de informações para todas as unidades envolvidas, com o propósito de comandar, coordenar e integrar o processo produtivo da empresa. A programação de produção deve conter os seguintes itens: o quê, quanto, quando e onde.

Vimos no capítulo anterior que a previsão de vendas deve ser adaptada à capacidade de produção da empresa e é transformada em um plano de produção. A programação da produção transforma o plano de produção em uma infinidade de ordens de produção e de compra que deverão ser executadas pelos diversos órgãos da empresa que estão vinculados direta ou indiretamente ao processo produtivo, tais como: produção, almoxarifado, compras, depósito, controle de qualidade, custos, contabilidade, pessoal etc.

Dessa maneira, a programação da produção passa a ser a interface entre o planejamento, a execução e o controle da produção.

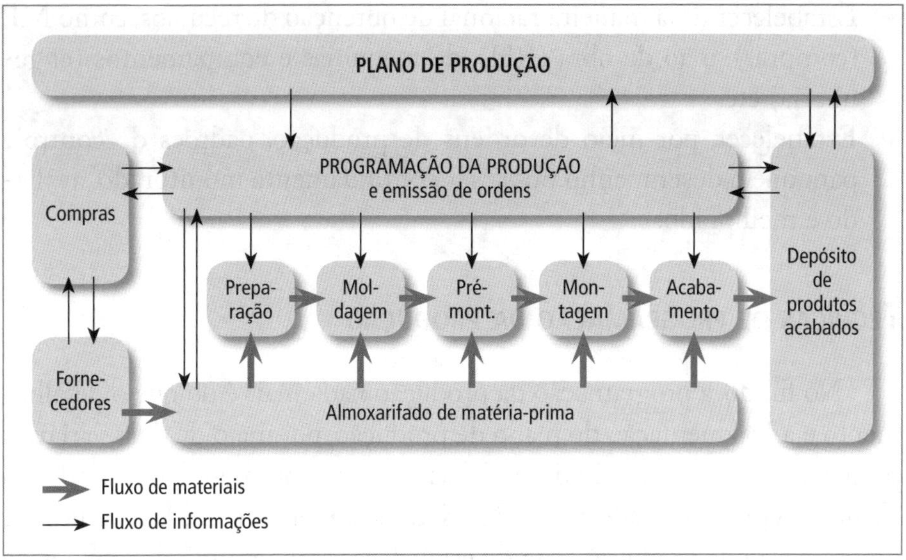

Figura 4.1 – O fluxo de informações da programação da produção.

Os principais objetivos da programação da produção são os seguintes:

- Coordenar e integrar todas as unidades envolvidas direta ou indiretamente no processo produtivo da empresa.
- Garantir a entrega dos produtos acabados (PA) aos clientes nas datas previstas ou prometidas.
- Garantir disponibilidade de matérias-primas (MP) e componentes que serão requisitados pelas unidades envolvidas.
- Distribuir a carga de trabalho proporcionalmente às diversas unidades produtivas, de modo a assegurar a melhor sequência de produção e o melhor resultado no que se refere à eficiência e eficácia.
- Balancear o processo produtivo de modo a evitar gargalos de produção, de um lado, e desperdícios de capacidade, de outro.
- Aproveitar ao máximo a capacidade instalada da empresa, bem como o capital empatado em MP, PA e materiais em processamento.

- Estabelecer uma maneira racional de obtenção de recursos, como MP (compras), mão de obra (RH), de máquinas e equipamentos (engenharia) etc.
- Estabelecer, por meio de ordens de produção, padrões de controle para que o desempenho possa ser continuamente monitorado, avaliado e melhorado.

Técnicas de programação da produção

No fundo, a programação da produção nada mais é do que o detalhamento e a fragmentação do plano de produção, por meio de duas variáveis principais: o tempo (definido em dias, semanas ou meses) e a produção (definida em quantidade de unidades, quilos, metros etc.). Em resumo, a programação da produção trata de estabelecer cronogramas detalhados de execução do plano de produção. Assim sendo, as técnicas de programação se resumem basicamente na construção de cronogramas, tais como o gráfico de Gantt, o gráfico de montagem, o gráfico de carga etc.

Em casos mais complexos, a programação da produção utiliza técnicas mais sofisticadas, como o Program Evaluation Review Technique (PERT) ou Técnica de Avaliação e Revisão de Programas, o Critical Path Method (CPM), o Método do Caminho Crítico, a Programação Linear etc.

Vejamos rapidamente cada uma das três primeiras técnicas de programação da produção.

Cronograma

O cronograma (do grego *cronos* = tempo e *grama* = gráfico) é um gráfico de dupla entrada: nas linhas horizontais estão os fatores de produção (como produtos, máquinas, operações, seções etc.), enquanto nas colunas verticais está o tempo disponível para sua utilização (horas, dias, semanas ou meses). Trata-se, portanto, de um cronograma, isto é, um gráfico relacionado com o tempo.

Quadro 4.1 – Cronograma de lançamento de um novo produto.

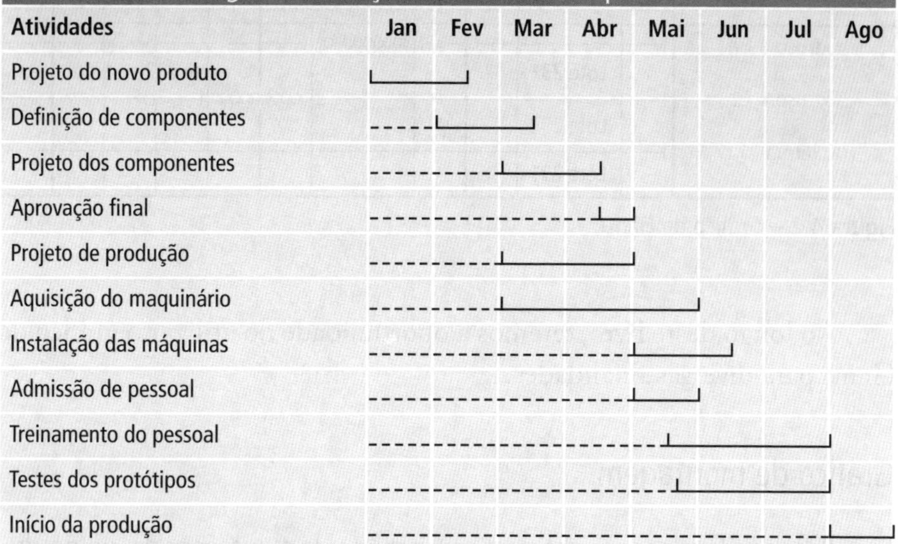

Fonte: Chiavenato (2005a).

Gráfico de Gantt

É um tipo de cronograma que se caracteriza por dividir cada coluna em quatro subcolunas (geralmente o mês dividido nas suas quatro semanas). Foi criado por Henry L. Gantt na primeira década do século passado para facilitar a programação do trabalho mensal.

O gráfico de Gantt utiliza os seguintes símbolos:

———————— = atividade a realizar;
|——————— = traço vertical à esquerda indica o início da atividade;
———————| = traço vertical à direita indica o término da atividade;
:::::::::::::::: = atividade realizada;
xxxxxxxxx = atividade interditada ou paralisada (por parada, espera, manutenção etc.).

Figura 4.2 – Gráfico de Gantt.

Ao longo deste livro, teremos a oportunidade de utilizar o gráfico de Gantt para diversas finalidades.

Gráfico de montagem

É um gráfico que representa o cronograma de montagem de um produto ou serviço. Na realidade, assemelha-se a um gráfico de implosão (ao contrário do gráfico de explosão que fragmenta um produto ou serviço em suas partes componentes), pois mostra como as partes de um produto/serviço vão sendo juntadas, montadas e anexadas a ele, ao longo de sua produção.

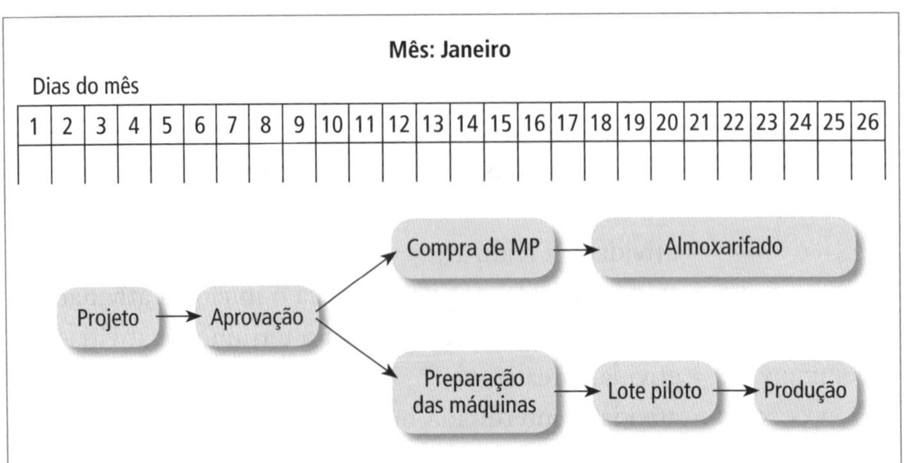

Figura 4.3 – Gráfico de montagem.

Gráfico de carga

É um gráfico que representa a atribuição de carga a uma máquina ou unidade da empresa produtiva ou não, para indicar a sua ocupação ou disponibilidade de tempo e de trabalho. O gráfico de carga tem muitas aplicações na programação da produção.

PERT

Do inglês Program Evaluation Review Technique, PERT é uma técnica de avaliação e revisão de programas bastante utilizada em atividades de produção e projetos de pesquisa e desenvolvimento. O modelo básico de PERT é um sistema lógico baseado em cinco elementos principais:

- *Uma rede básica de relacionamentos entre diversas atividades.* Ela é representada por um diagrama de passos seqüenciais que devem ser executados a fim de realizar um projeto ou tarefa. A rede consiste de três componentes:
  a) *Eventos*: que representam os pontos de decisão ou cumprimento de alguma tarefa (são os círculos do PERT com números dentro deles).
  b) *Atividades*: ocorrem entre os eventos e constituem os esforços físicos ou mentais requeridos para completar um evento e são representadas por flechas com números.
  c) *Relações*: as relações entre as tarefas básicas são indicadas pela seqüência desejada de eventos e de atividades na rede.
- *Alocação de recursos* para que as atividades sejam executadas.
- *Considerações de tempo* (duração de cada atividade) e de espaço necessário.
- *Rede de caminhos a ser seguida.*
- *Caminho crítico*, ou seja, o caminho que define o menor tempo para a execução de todas as atividades.

Para sua elaboração, o gráfico de PERT exige a montagem inicial de um quadro preparatório (ver Quadro 4.2).

Quadro 4.2 – Quadro preparatório para elaboração do PERT de lançamento de um novo produto.

Evento	Descrição	Tempo Dias	Evento Pré-requisito	Tempo Otimista		Tempo Pessimista		Folga
				Início	Fim	Início	Fim	
1	Projeto do novo produto	5	–	1	5	1	5	0
2	Definição de componentes	20	1	6	25	6	25	0
3	Projeto dos componentes	25	2	26	50	26	50	0
4	Aprovação final	13	3	51	63	51	63	0
5	Projeto de produção	4	3	2	29	42	45	16
6	Aquisição do maquinário	20	5	3	49	46	65	16
7	Instalação das máquinas	10	2	2	35	54	63	28
8	Admissão de pessoal	20	4 e 7	64	65	64	65	0
9	Treinamento de pessoal	30	6 e 8	66	66	66	66	0
10	Testes dos protótipos	5	9	67	71	67	71	0
11	Início da produção	8	10	72	70	72	79	0

Fonte: Chiavenato (2005a).

Com esse quadro pode-se desenhar o gráfico de PERT, como na Figura 4.4.

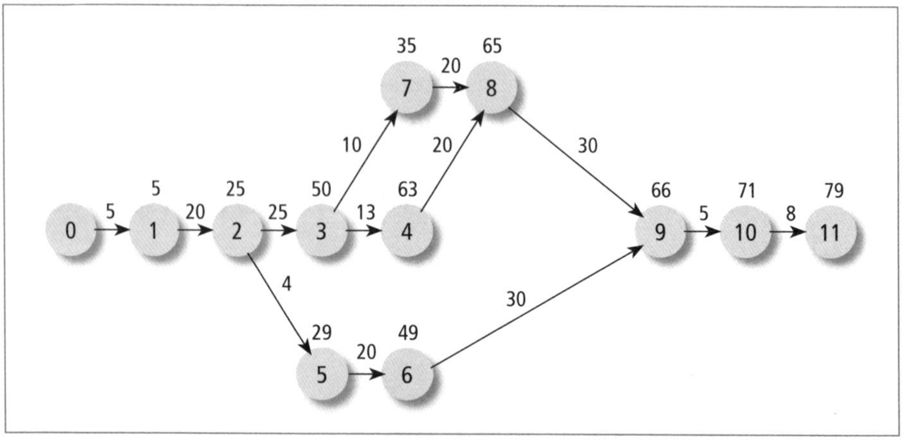

Figura 4.4 – Diagrama de PERT de lançamento de um novo produto.
Fonte: Chiavenato (2005a).

Além de servir como técnica de planejamento, o PERT permite também acompanhar e avaliar o progresso dos programas e projetos em relação aos padrões de tempo predeterminados, constituindo também um esquema de controle e avaliação. Além de uma ferramenta de planejamento, serve como ferramenta de controle, pois facilita a localização de desvios e indica as ações corretivas necessárias para redimensionar toda a rede que ainda não foi executada. Embora não possa impedir erros, atrasos, mudanças ou eventos imprevistos, o PERT dá margem a ações corretivas imediatas.

Exercício: criar uma rede de PERT

Consideremos que sua empresa decida que todos os seus funcionários devam trabalhar em suas casas como teletrabalhadores. A empresa quer eliminar funcionários internos, reduzir despesas administrativas, cortar chefias intermediárias, aluguel de espaço, equipamentos de escritórios etc. Para implantar o *home-office*, são necessários alguns equipamentos, como microcomputadores, *laptops*, máquinas de fax, para que os funcionários estejam sempre plugados à organização.

Consideremos ainda que seu chefe lhe solicite uma rede de PERT para saber do que você necessitará para que isso aconteça. Algumas fases estão listadas a seguir, e você deverá adicionar ou subtrair etapas, sequenciá-las e montar uma rede lógica de PERT na Figura 4.5.

- Início
- Identificar possíveis departamentos
- Treinar pessoas no novo sistema
- Obter propostas de equipamentos
- Determinar arquivos ou informações necessários para funcionário
- Sistema pronto para funcionar
- Implantar o sistema de computadores
- Criar a rede de fluxos de informação
- Criar/modificar o *software*
- Comprar equipamentos
- Identificar pessoas nos departamentos
- Criar acesso à informação necessária no computador

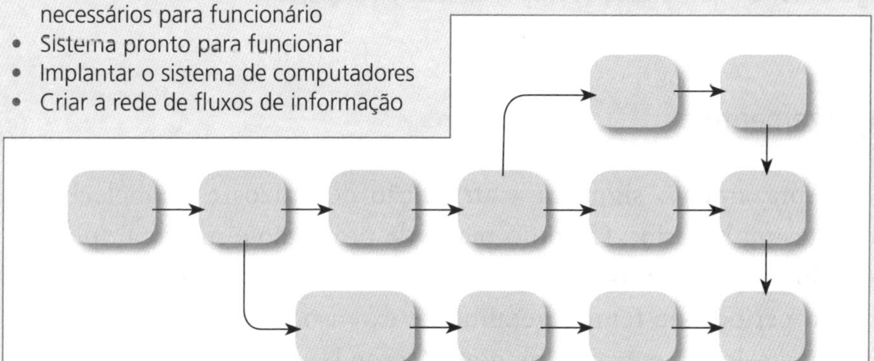

Figura 4.5 – Criação de uma rede de PERT (Kinnear, 1994, p.207).

Fases da programação da produção

A programação da produção é realizada em quatro fases distintas: aprazamento ou fixação de prazos ou datas, roteiro ou fluxo do processo, emissão de ordens e liberação da produção ou de recursos.

A Figura 4.6 mostra as fases da programação dentro das etapas maiores de planejamento da produção (plano de produção) e controle da produção.

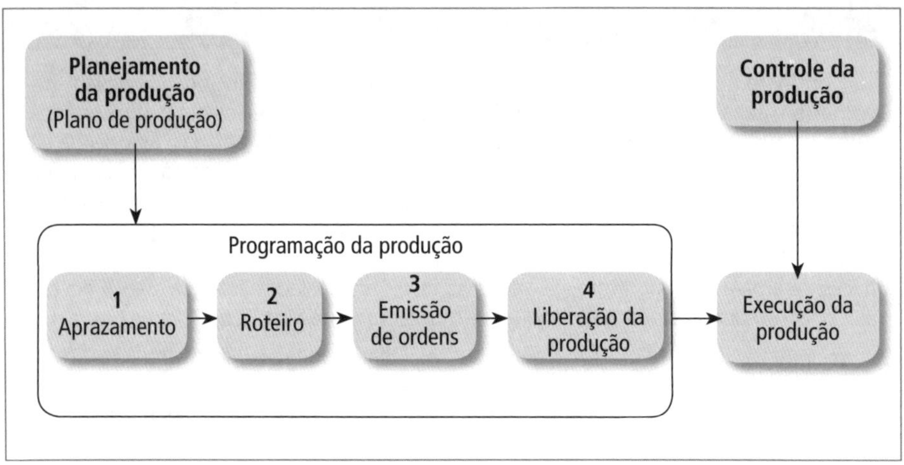

Figura 4.6 – As quatro fases da programação da produção.

Aprazamento

Aprazamento significa a atribuição de prazos e estabelecimento de datas ou horários. Como o plano de produção é muito amplo e dimensionado para uma encomenda de grande porte ou para o exercício de um período de tempo geralmente extenso, a programação procura fragmentá-lo em períodos menores (como horas, dias, semanas ou meses) a fim de poder estabelecer datas e horários específicos de execução da produção.

Roteiro

Roteiro significa o estabelecimento da melhor sequência ou fluxo para atender ao plano de produção. Se a empresa pretende produzir um produto que tenha de passar por várias baterias de máquinas ou por várias seções produtivas, o roteiro procura definir a sequência ou fluxo mais adequado para que a matéria-prima passe pelas diversas etapas do processo produtivo.

Tanto o aprazamento como o roteiro são definidos por meio de técnicas de programação de produção, como o gráfico de Gantt ou de montagem.

Para melhor compreensão, a emissão de ordens e a liberação da produção requerem tópicos separados.

Emissão de ordens

Pelo plano de produção, pode-se programar sua execução por meio de técnicas de programação da produção. Até aí ninguém está sabendo das decisões tomadas a respeito da produção. Torna-se necessário então informar todas as unidades que participam direta ou indiretamente do processo produtivo das decisões sobre o quê, como, quando, quanto e onde produzir, a fim de fazê-las trabalhar de maneira coordenada e integrada como um sistema. A emissão de ordens constitui o núcleo de informação e coordenação da programação da produção.

Em outras palavras, as ordens informam a respeito das decisões sobre produção para as diversas unidades ou seções envolvidas no processo produtivo. Essa comunicação é enviada a todas as unidades relacionadas com o processo produtivo da empresa, tais como a própria produção, o almoxarifado de MP, a unidade de compras, o controle de qualidade, a unidade de contabilidade e custos etc., para que cada uma delas possa contribuir de forma integrada no atendimento da programação da produção.

A preparação e distribuição das ordens são importantes na coordenação das diversas unidades. Cada empresa tem o seu sistema de emissão de ordens que é melhorado e desenvolvido com a experiência. Cada ordem deve esclarecer o quê, como, quando, quanto e onde fazer. Toda ordem deve ser escrita e, se possível, documentada em impressos ou formulários padronizados. Deve ser datada e rubricada pela pessoa autorizada a emiti-la.

Existem vários tipos de ordem, a saber:

- *Ordem de produção (OP)*: é a comunicação da decisão de produzir e que é enviada a uma unidade ou seção produtiva para autorizá-la a executar as tarefas.
- *Ordem de montagem (OM)*: corresponde a uma OP destinada às unidades produtivas de montagem.
- *Ordem de compra (OC)*: é a comunicação da decisão de comprar MP ou materiais e que é enviada à unidade de compras.
- *Ordem de serviço (OS)*: é a comunicação sobre prestação interna de serviços, tais como serviços de inspeção de qualidade, de manutenção e reparos de máquinas etc.
- *Requisição de materiais (RM)*: é a comunicação que solicita MP ou materiais ao almoxarifado.

Na prática, a emissão de ordens envolve a preparação de um grande número de vias de formulários, cada qual com uma denominação e destinada a uma unidade diferente da empresa, servindo como fluxo de informações sobre o que cada unidade deve fazer. Esse fluxo de informações deve incluir necessariamente as seguintes unidades:

1) *Produção*:
   - Execução da produção . . . . OP ou OM
   - Acompanhamento de datas de término . . . Ficha de acompanhamento
2) *Almoxarifado*:
   - Requisição de MP ou materiais ou componentes . . . . RM
   - Comprovante de retirada de MP ou materiais . . . . Ficha de entrega
   - Controle de estoque . . . . Ficha de estoque

3) *Transporte interno de materiais*:
– Via para comandar a movimentação de MP do almoxarifado .... Ficha de entrega
– Via que comanda a movimentação de MP de uma unidade para outra......... Ficha de entrega

4) *Controle de qualidade*:
– Solicitação de inspeção de qualidade ..... Ficha de inspeção

5) *Controle de eficiência*:
– Tempo gasto na produção em comparação com o tempo padrão para avaliar a eficiência da unidade e definir incentivos de produção para os operários .... Ficha de mão de obra

6) *Contabilidade e controle de custos*:
– Recebe informações sobre custo de MOD, de MP direta para apurar custo de produção .... RM
.... Ficha de mão de obra

Assim, a emissão de uma OP tem geralmente a primeira via destinada à produção (OP propriamente dita), juntamente com a segunda via (ficha de acompanhamento), a terceira e quarta vias destinadas ao almoxarifado (RM e ficha de entrega, respectivamente), a quinta via endereçada à unidade de controle de qualidade (ficha de inspeção), a sexta via encaminhada à unidade de engenharia industrial para acompanhar a eficiência do processo produtivo (ficha de mão de obra) etc.

Cada via da ordem tem o seu conteúdo e seu destino, a fim de que cada uma das unidades envolvidas desempenhe o seu papel e faça a sua contribuição ao processo produtivo.

Sistemas de emissão de ordens

O sistema de emissão de ordens é o conjunto de normas e procedimentos para decidir sobre a preparação e distribuição das ordens às diversas unidades envolvidas. Cada empresa utiliza o seu próprio sistema e, ao longo do tempo, desenvolve-o de acordo com seu tipo de negócio, seus produtos/serviços, seu mercado, seu sistema de produção etc. Como há uma variedade muito grande, apresentaremos a seguir sete diferentes sistemas de emissão de ordens, com suas características, vantagens e desvantagens para melhor apreciação do assunto.

Quadro 4.3 – Aplicação dos sistemas de emissão de ordens aos sistemas de produção.

Sistemas de emissão de ordens	**Sistemas de produção**		
	Encomenda	**Em lotes**	**Contínua**
Sistema do produto	•		
Sistema de carga	•	•	
Sistema do estoque mínimo		•	
Sistema estoque-base			•
Sistema do período-padrão			•
Sistema dos lotes componentes			•
Sistema do lote-padrão			•

Sistema do produto

É o sistema de emissão de ordens mais indicado para produção não repetitiva, isto é, para produção sob encomenda, principalmente quando se trata de produto complexo, diferente dos demais e de longo prazo de execução. É o caso da construção de navios, de construções de prédios ou de fábricas. O plano de produção do produto é dividido em tarefas básicas. Cada tarefa deve ter uma data de início e uma de término para que, no conjunto, se tenha a data de início e de término do produto acabado. O gráfico de programação é geralmente o gráfico de Gantt ou o de montagem. Em casos mais complexos, utiliza-se o PERT ou CPM.

O sistema do produto está centrado no produto. Seu procedimento é o seguinte:

- Após o recebimento do pedido do cliente, define-se o prazo de entrega que é estabelecido na encomenda. Trata-se do prazo de entrega do PA.
- O pedido é analisado e decomposto em tarefas principais, para a execução do PA.
- A seguir, analisam-se as relações de precedência (que tarefas devem ser executadas antes de outras) e as relações de dependência (quais tarefas dependem de tarefas já executadas). As relações de precedência e de dependência servem para estabelecer o roteiro das tarefas, ou seja, em que sequência as tarefas deverão ser executadas.
- Define-se o aprazamento, isto é, calcula-se o número de horas necessárias para a execução de cada uma das tarefas e são estabelecidas as datas de início e de término para cada uma delas, levando-se em consideração que a semana de trabalho é de 40 horas, por exemplo. Com o aprazamento de todas as tarefas, ficam definidas as datas de início e de término do PA.

Tarefas	Dias de duração	Janeiro				Fevereiro				Março				Abril				Maio			
		1	2	3	4	1	2	3	4	1	2	3	4	1	2	3	4	1	2	3	4
Terraplenagem	5	■	■																		
Fundações	11			■	■																
Concretagem																					
1º Piso	10					■	■														
2º Piso	8							■	■												
3º Piso	8								■	■											
Alvenaria																					
1º Andar	12							■	■	■											
2º Andar	8									■	■										
3º Andar	8										■	■									
Acabamento																					
1º Andar	20										■	■	■								
2º Andar	15											■	■	■							
3º Andar	15												■		■						
Datas início/término		■													■						

Figura 4.7 – Gráfico de Gantt do sistema de emissão de ordens do produto.

- As tarefas são agrupadas, isto é, são juntadas em grupos de tarefas para facilitar o seu controle.
- Atribui-se a carga de trabalho para cada unidade produtiva.

Sistema de carga

É o sistema de emissão de ordens utilizado para o sistema de produção sob encomenda quando:

- A decisão do prazo de execução é da empresa e não do cliente.
- Existem muitos produtos simultaneamente nas mesmas máquinas ou a produção é para repor estoque.

Esse sistema também é utilizado para o sistema de produção em lotes. O sistema de carga permite analisar que produtos devem ser produzidos para melhor utilizar a capacidade de produção da empresa. Assim, parte-se da disponibilidade de tempo de cada máquina ou unidade produtiva para calcular as cargas de trabalho. Utiliza-se o método das fichas ou o gráfico de Gantt para atribuição de carga.

O procedimento do sistema de carga é o seguinte:

- Após o recebimento da encomenda do cliente (quando se tratar do sistema de produção sob encomenda) ou após a elaboração do plano de produção, são enumeradas as tarefas básicas para a execução do produto ou dos lotes de produção do produto.
- Verificam-se as relações de precedência e de dependência entre as tarefas principais e se estabelece o roteiro de produção, isto é, a sequência de execução do produto, por meio de um gráfico de programação.
- Calcula-se o número de horas necessárias em cada máquina e em cada unidade, para atender à encomenda ou à produção dos lotes do produto.
- Verifica-se a disponibilidade de tempo em cada máquina e em cada unidade produtiva, e alinham-se as horas necessárias de acordo com

as horas disponíveis. É a atribuição da carga de trabalho em função das disponibilidades existentes. O aprazamento também é função dessa atribuição de carga. Para tanto, utiliza-se o gráfico de carga.

- Se a empresa receber uma nova encomenda, enumeram-se as tarefas básicas para executá-la, estima-se o número de horas necessárias para atendê-la, verificam-se as disponibilidades e reelabora-se o gráfico de carga. Se surgir uma encomenda de cliente preferencial e houver necessidade de reduzir o prazo de entrega, remaneja-se a alocação das demais encomendas para a fixação de novas prioridades.

Quando o sistema de carga é utilizado no sistema de produção em lotes, o processo de produção deve ser analisado por meio de um gráfico de programação, como mostra a Figura 4.8 que reflete a produção de um produto XYZ:

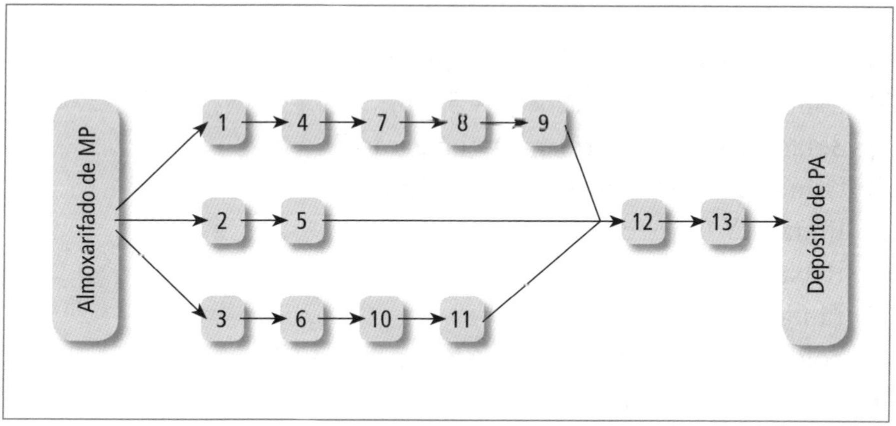

Figura 4.8 – Programação do produto XYZ.

Na Figura 4.8, cada operação do processo de produção tem o seguinte significado:

1) Preparar material para X.
2) Preparar material para Y.
3) Preparar material para Z.
4) Usinar X.
5) Usinar Y.
6) Usinar Z.
7) Soldar X + Y para formar XY.
8) Usinar XY.
9) Rebarbar XY.
10) Pintar XY.
11) Pintar Z.
12) Soldar XY + Z para formar XYZ.
13) Usinar XYZ

Para facilitar o sequenciamento das ordens, são agrupadas todas as operações de uma máquina em um único roteiro de produção, a saber:

1) Preparar material para X, Y e Z (operações 1 + 2 + 3).
2) Usinar X, Y e Z (operações 4 + 5 + 6).
3) Soldar X + Y para formar XY (operação 7).
4) Usinar XY (operação 8).
5) Pintar XY (operação 9).
6) Rebarbar Z (operação 10).
7) Pintar Z (operação 11).
8) Soldar XY + Z para formar XYZ (operação 12).
9) Usinar XYZ (operação 13).

A Figura 4.8 apontou as relações de precedência e de dependência que definem o roteiro do produto. Com base nele, elabora-se o gráfico de carga para cada máquina ou unidade produtiva.

Máquina ou seção	Capacidade	1ª Semana	2ª Semana	3ª Semana
A	44	Enc. 53=2 Enc. 56=2 Enc. 57=22	Enc. 53=22 Enc. 56=22	Enc. 53=44
B	48	Enc. 53=40	Enc. 53=40	Enc. 55=5
C	44	Enc. 56=42	Enc. 56=30	Enc.56=20

Figura 4.9 – Gráfico de carga para o sistema de carga.

O sistema de carga enfatiza a atribuição de carga de trabalho para cada máquina ou unidade produtiva.

Sistema de estoque mínimo

É o sistema mais simples de emissão de ordens. É utilizado para o sistema de produção em lotes e corresponde ao sistema de duas gavetas para reposição de estoques, que veremos no último capítulo deste livro. Em vez de basear-se no produto a ser produzido (como no sistema do produto) ou na carga disponível de máquinas ou unidades (como no sistema de carga), o sistema de estoque mínimo baseia-se no atendimento ao plano de produção, que é dividido em lotes de produção. Cada lote de produção é dimensionado pelo princípio do lote econômico, assunto que será tratado no último capítulo deste livro.

O procedimento do sistema de estoque mínimo é o seguinte:

- Determina-se o lote econômico para cada item de estoque (seja PA a ser produzido ou MP a ser comprada).
- Determina-se o estoque mínimo para cada item de estoque (seja PA no depósito ou MP no almoxarifado).

- A produção ou o almoxarifado deve abrir uma ficha de estoque para cada item. A ficha de estoque deve conter colunas para reserva e saldo para reserva.
- Anota-se em cada ficha de estoque o lote econômico (lote econômico de produção ou de compra), bem como o estoque mínimo daquele item.
- À medida que forem requisitados (o PA do depósito ou a MP do almoxarifado), e quando o saldo de estoque chegar ao mínimo anotado na ficha, deve-se emitir uma OP (para PA) ou OC (para MP) para reposição do estoque. A quantidade de OP ou OC deve ser igual ao lote econômico anotado na ficha.
- Se a carga de trabalho de uma unidade for pequena, verifica-se o saldo de estoque de todos os itens que ela produz e calcula-se a relação de estoque para cada item, isto é, a relação entre o estoque disponível e o estoque mínimo.

$$\text{Relação de estoque} = \frac{\text{Estoque disponível}}{\text{Estoque mínimo}}$$

A relação de estoque deve ser sempre maior do que 1, senão já deveria ter sido emitida uma OP ou OC para reposição. Calculada a relação de estoque dos vários itens, emite-se uma OP ou OC para o item que apresentar a menor relação de estoque, isto é, o item que atingir o estoque mínimo em primeiro lugar.

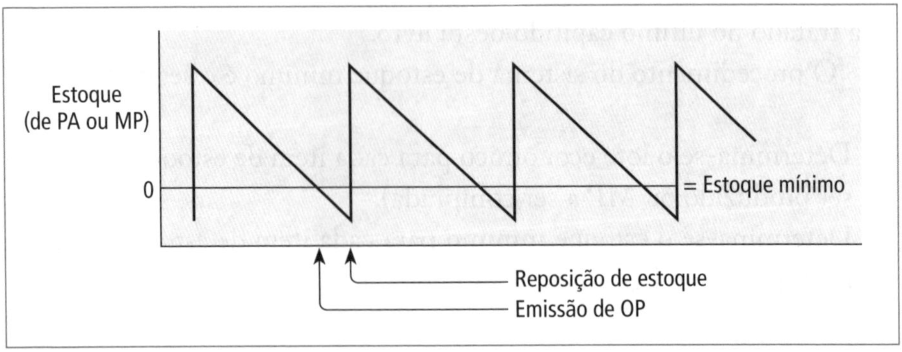

Figura 4.10 – Sistema de estoque mínimo.

Assim, a produção (ou compras) funciona para manter sempre um estoque mínimo suficiente para abastecer o depósito de PA (ou o almoxarifado de MP). O sistema de estoque mínimo enfatiza o nível mínimo de estoque a ser mantido. É por causa desse nível mínimo de estoque que todo o sistema funciona.

Sistema de estoque-base

É o sistema de emissão de ordens utilizado em sistema de produção contínua e repetitiva. Baseia-se no plano de produção fundamentado na previsão de vendas sujeita a variações.

O procedimento de utilização do sistema de estoque-base é o seguinte:

- Desdobra-se o plano de produção em períodos – geralmente meses – para fixar as quantidades de PA que deverão estar disponíveis no depósito de PA para entrega aos clientes. Como a previsão de vendas está sujeita a variações, o plano de produção também deve mudar em razão disso. Essas quantidades de PA serão os compromissos que a produção deverá cumprir ao final de cada período. A produção de cada PA no período corresponde à abertura de uma barra específica de produção.
- No início de cada período, emitem-se todas as OP e OC necessárias para totalizar a quantidade de PA. As OP e OC poderão ser individualizadas ou emitidas em conjunto, por meio de listas de OP e OC.
- Todas as OP e OC terão a mesma data-limite para o término, que é o último dia do período. Isso significa que a quantidade de material acumulada no período deverá ser totalmente utilizada no período seguinte.
- As listas de ordens são emitidas com defasagem constante de tempo e em quantidades variáveis.

A diferença entre o sistema de estoque mínimo e o de estoque-base reside no fato de que o primeiro funciona para cada lote de produção (ou de compras), enquanto o segundo funciona para a produção contínua. É o sistema que coloca ênfase no estoque que deve continuamente existir para abastecer a previsão de vendas (no depósito de PA) ou o plano de produção (no almoxarifado de MP).

Sistema do período-padrão

É um sistema de emissão de ordens muito parecido com o do estoque-base, mas com três diferenças, a saber:

- Em vez de basear-se no estoque necessário para atender ao plano de produção, esse sistema baseia-se no período de tempo considerado.
- Esse sistema está baseado em um plano de produção imutável e decidido pela alta direção da empresa.
- Isso significa que o plano de produção e os produtos não sofrem mudanças ou alterações.

O procedimento de utilização desse sistema é o seguinte:

- Desdobra-se o plano de produção em períodos – geralmente meses – para fixar as quantidades de PA que deverão estar disponíveis no depósito para entrega aos clientes. Essas quantidades serão os compromissos que a produção deverá cumprir ao final de cada período.
- No início de cada período, emitem-se todas as OP e OC necessárias para totalizar a quantidade de PA solicitada.
- Todas as OP e OC deverão ter a mesma data-limite para término, que é o último dia do período considerado. O período de tempo constitui o fundamento desse sistema.
- As listas de ordens são emitidas com defasagem constante de tempo e em quantidades variáveis.

No sistema do período-padrão, enfatiza-se o tempo, isto é, a produção semanal ou mensal que deve ser realizada.

Sistema dos lotes componentes

É o sistema de emissão de ordens indicado para o sistema de produção em lotes. Quando se trata da produção de um único produto, também é indicado para o sistema de produção contínua, aqui entendida como um único lote de produção no período considerado. Trata-se de um sistema baseado no plano de produção que implica a produção de uma quantidade padrão de PA comandada pela emissão de uma lista de componentes a serem fabricados ou comprados no período.

O procedimento para utilização do sistema dos lotes componentes é o seguinte:

- O plano de produção (em decorrência da previsão de vendas) estabelece a quantidade de produção de cada PA no período.
- Se houver alteração no plano de produção (por causa de alguma alteração na previsão de vendas), reprograma-se a produção de cada PA.
- A quantidade de produção de cada PA é transformada em OP ou em OC individualizadas. Cada lote tem uma data de término. O fundamento básico desse sistema é que em qualquer período a produção acumulada ou a compra acumulada de um item deve ser maior do que a necessidade acumulada.
- Emitem-se as ordens individualmente, e as quantidades são constantes. Para facilitar o controle, utiliza-se uma ficha de emissão de ordens, como a indicada na Figura 4.11.

Código: ______________ **Nome:** ______________________________

Necessidades		Emissão de ordens				Produção realizada		
Data	Necessidade acumulada	Nº da ordem	Data término	Quantidade	Quant. acumulada	Data	Quant. produzida	Produção acumulada

Figura 4.11 – Ficha de emissão de ordens.

No sistema dos lotes componentes, enfatiza-se a quantidade-padrão dos componentes que devem ser fabricados ou comprados, a fim de atender ao plano de produção em cada período de tempo.

Sistema do lote-padrão

É um sistema de emissão de ordens indicado para o sistema de produção contínua, principalmente quando o produto é padronizado e não sofre alterações. Trata-se de um sistema de produção de quantidades padronizadas de PA, a qual é comandada pela emissão de listas de componentes a serem fabricados ou comprados em lotes previamente definidos. Caracteriza-se por emitir listas de ordens sempre para uma mesma quantidade de PA e com defasagens de tempo variáveis determinadas com base no plano de produção. Isso significa que o lote de produção deve ser sempre o mesmo, enquanto o período de tempo varia.

O procedimento de utilização do sistema do lote-padrão é o seguinte:

- Determina-se o lote-padrão para a produção de cada produto (ou para a compra de cada componente).
- Transforma-se o plano de produção em programas de produção, estabelecendo-se as datas de término de cada OP de lotes-padrão, com o duplo cuidado de manter sempre mínimo o estoque intermediário e a produção acumulada sempre maior do que o plano de produção acumulado até o período.
- Preparam-se as listas de OP e calculam-se quantos dias antes do término do lote as ordens de cada lista deverão estar encerradas.
- Anota-se nas listas de ordens a data-limite em que as respectivas ordens deverão ser encerradas para que sejam distribuídas às unidades produtivas e à unidade de compras.
- Verificam-se se os prazos e as quantidades marcados nas listas de ordens foram satisfeitos. As ordens deverão conter as datas de término dos lotes-padrão de forma a proporcionar uma produção real acumu-

lada maior do que o plano de produção acumulado, como mostra o Quadro 4.4. Se o lote-padrão for dimensionado em cem unidades, as datas de término deverão proporcionar uma produção realizada acumulada sempre maior do que o plano de produção acumulado.

Quadro 4.4 – Programa de produção de lotes-padrão.

Meses	Fevereiro				Março			
Semanas	1	2	3	4	1	2	3	4
Plano de produção	50	50	60	70	80	90	100	100
Plano de produção acumulada	50	100	160	230	310	400	500	600
Programa de produção	L1 100	– –	L2 100	L3 100	L4 100	– –	L5 100	L6 100
Programa de produção acumulada	100	100	200	300	400	400	500	600

Nesse caso, a fim de proporcionar um programa de produção acumulada sempre maior do que a acumulação do plano de produção e para evitar um estoque desmedidamente grande de PA, as datas de término dos lotes-padrão serão:

- Lote 1 (L1) = início da 1ª semana de fevereiro.
- Lote 2 (L2) = início da 3ª semana de fevereiro.
- Lote 3 (L3) = início da 4ª semana de fevereiro.
- Lote 4 (L4) = início da 1ª semana de março.
- Lote 5 (L5) = início da 3ª semana de março.
- Lote 6 (L6) = início da 4ª semana de março.

O sistema do lote-padrão enfatiza a produção de uma quantidade-padrão de PA a ser produzida mesmo que em diferentes períodos de tempo, para atender ao plano de produção.

Os sistemas de emissão de ordens estão resumidos no Quadro 4.5.

Quadro 4.5 – As principais características dos sistemas de emissão de ordens.

Sistemas de emissão de ordens	Principais características
Sistema do produto	Ideal para produção sob encomenda. Atenção voltada para o produto. Fluxo intermitente de informações. Mais fácil de controlar.
Sistema de carga	Ideal para produção sob encomenda ou produtos não repetitivos. Atenção voltada para carga de trabalho de cada máquina ou seção. Fluxo intermitente de informações.
Sistema do estoque mínimo	Simplicidade. Ideal para produção repetitiva em lotes. Baseia-se no plano de produção que pode sofrer variações. Fluxos permanentes e diários de informações. Fácil de implantar. Atenção voltada para o nível mínimo de estoque disponível.
Sistema do estoque-base	Ideal para produção contínua e repetitiva. Baseia-se no plano de produção que pode sofrer variações. Permite utilizar listas de ordens. Atenção voltada para o nível mínimo e contínuo de estoque disponível.
Sistema do período-padrão	Ideal para produção contínua de produtos padronizados. Baseia-se no plano de produção imutável. Implantação trabalhosa. Permite utilizar listas de ordens. Atenção voltada para a produção no período (semanal, mensal ou anual).
Sistema de lotes componentes	Ideal para produção em lotes ou produção contínua. Baseia-se no plano de produção mutável. Exige muita burocracia e fluxo diário e permanente de ordens. Permite listas de ordens. Atenção voltada para quantidade-padrão de cada lote componente.
Sistema do lote-padrão	Ideal para produção contínua de produtos padronizados. Baseia-se no plano de produção imutável. Implantação trabalhosa. Muita coordenação administrativa. Permite listas de ordens. Atenção voltada para a quantidade-padrão de PA.

Qual é o melhor sistema de emissão de ordens?

A resposta é muito simples: depende de cada situação, de cada empresa, de cada sistema de produção e das vantagens, fatores imprescindíveis para a integração das várias unidades produtivas da empresa. Cada situação exige uma solução. E o primeiro passo é analisar em profundidade os componentes do processo produtivo da empresa e o que se espera dele. A isso se dá o nome de diagnóstico da situação. Esse é o ponto de partida.

Liberação da produção

A liberação da produção – também denominada liberação de recursos – constitui a última fase da programação de produção. A liberação da produção representa o sinal verde para que todos os recursos sejam mobilizados e coordenados para a execução das ordens.

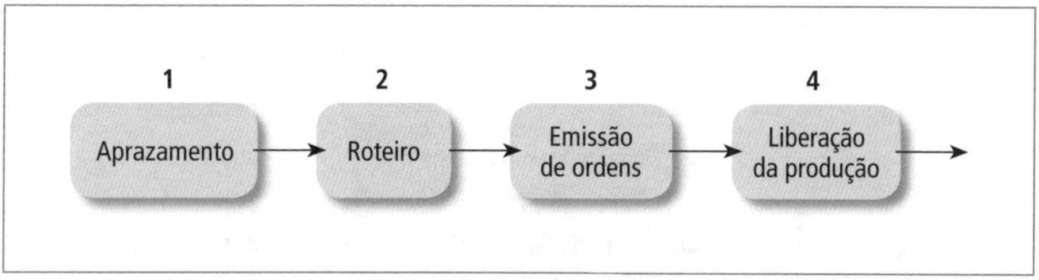

Figura 4.12 – As quatro fases da programação da produção.

A liberação da produção constitui um trabalho de coordenação e de integração das várias atividades simultâneas da empresa. Sua finalidade é múltipla. Não se trata simplesmente de expedir as ordens, mas de garantir condições prévias que facilitem sua execução, como mostra a Figura 4.13.

Com aprazamento, roteiro, emissão de ordens e liberação da produção, a programação da produção cumpre o seu objetivo: transformar o plano de produção em algo que possa ser executado de maneira integrada e coordenada por todas as unidades envolvidas direta ou indiretamente no processo produtivo da empresa.

Resta agora saber se toda essa parafernália funciona de fato. É o que veremos no próximo capítulo dedicado ao controle da produção.

Figura 4.13 – As finalidades da liberação da produção.

Questões para revisão

1) Qual é a relação entre programação da produção e plano de produção?
2) Conceitue programação da produção.
3) Qual é o papel da programação em relação ao planejamento e ao controle da produção?
4) Quais são os objetivos da programação da produção?
5) Relacione a programação da produção com as diversas unidades, como produção, compras, almoxarifado de MP, depósito de PA etc.
6) Quais são as fases da programação da produção? Explique.

7) O que é aprazamento?
8) O que é roteiro?
9) Quais são as principais técnicas de programação da produção?
10) Conceitue o gráfico de Gantt.
11) Conceitue o gráfico de montagem.
12) O que significa PERT?
13) O que é CPM?
14) Conceitue o sistema de emissão de ordens.
15) Quais são os principais tipos de ordens?
16) Conceitue OP.
17) Conceitue OM.
18) Conceitue OC.
19) Conceitue OS.
20) Conceitue RM.
21) O que significa fluxo de informações para a emissão de ordens?
22) O que significa ficha de acompanhamento?
23) O que significa ficha de entrega?
24) O que significa ficha de inspeção?
25) O que significa ficha de custo?
26) O que significa ficha de mão de obra?
27) Quais são os sistemas puros de emissão de ordens?
28) Conceitue o sistema do produto.
29) Quais são as características do sistema do produto?
30) Quais são os procedimentos para sua utilização?
31) Conceitue o sistema de carga.
32) Quais são as características do sistema de carga?
33) Quais são os procedimentos para sua utilização?
34) Conceitue o sistema do estoque mínimo.
35) Quais são as características do sistema do estoque mínimo?
36) Quais são os procedimentos para sua utilização?
37) Conceitue o sistema do estoque-base.
38) Quais são as características do sistema do estoque-base?
39) Quais são os procedimentos para sua utilização?

40) Conceitue o sistema do período-padrão.
41) Quais são as características do sistema do período-padrão?
42) Quais são os procedimentos para sua utilização?
43) Conceitue o sistema dos lotes componentes.
44) Quais são as características do sistema dos lotes componentes?
45) Quais são os procedimentos para sua utilização?
46) Conceitue o sistema do lote-padrão.
47) Quais são as características do sistema do lote-padrão?
48) Quais são os procedimentos para sua utilização?
49) Conceitue liberação da produção.
50) Quais são as finalidades da liberação da produção?

Exercícios

1) Suponha que a escola onde você estuda ou a empresa em que trabalha precisa programar a produção diária, semanal, mensal ou anual. Faça um levantamento de todas as salas de aula – como se fossem unidades produtivas de uma empresa – ou unidades de produção da empresa, das cadeiras ou disciplinas – como se fossem componentes do produto – dos professores – como se fossem a mão de obra – como uma verificação preliminar.

2) Verifique na secretaria da escola o quadro-geral de horário de todas as classes. Esse quadro procura compatibilizar a disponibilidade de horário de cada professor – como a de uma máquina ou unidade produtiva de uma indústria – com as necessidades de cada classe. Suponha que um dos professores deixe a escola e precise ser substituído por outro professor. Refaça o quadro-geral de horário para acomodar a situação.

3) Elabore a composição das classes para distribuir equitativamente o número de alunos.

4) Suponha que sua escola funcione em três turnos: manhã, tarde e noite. Elabore a melhor ocupação possível das salas de aulas disponíveis.

Capítulo

5 Controle da produção

Tópicos deste capítulo

- Introdução
- Conceito de controle da produção
- Finalidades do controle da produção
- Fases do controle da produção
- Métodos de controle da produção
- Principais tipos de controle da produção
- Questões para revisão
- Exercícios

Introdução

A palavra controle tem sido mal interpretada e frequentemente associada a punições, vigilância e restrições. Em administração, todavia, ela é utilizada no sentido amplo de guiar e regular as atividades da empresa, a fim de garantir o alcance dos objetivos almejados. Se tudo corresse exatamente de acordo com o que foi planejado, não haveria nenhuma necessidade de controle. Existe controle exatamente porque sempre alguma coisa sai diferente daquilo para o qual foi planejada.

Vimos anteriormente que o controle é a função administrativa que consiste em medir e corrigir o desempenho, para assegurar que os objetivos da empresa sejam atingidos. A tarefa do controle é verificar se tudo está sendo feito conforme o que foi planejado e organizado, de acordo com as ordens dadas, para identificar os erros ou desvios, a fim de corrigi-los e evitar sua repetição.

Assim, todo controle visa à:

- *Correção de falhas ou erros*: o controle serve para detectar falhas ou erros, seja no planejamento, seja na execução, e apontar as medidas corretivas.
- *Prevenção de novas falhas ou erros*: ao corrigir falhas ou erros, o controle aponta meios de evitá-los no futuro.

O controle, pois, é importante na medida em que assegura que aquilo que foi planejado e organizado realmente cumpriu os objetivos pretendidos. É um certificado de que as coisas foram executadas de acordo com os planos, com os esquemas e com as ordens transmitidas.

Existem dois tipos de controle:

- *Controle do desempenho*: isto é, o controle que se realiza à medida que as operações estão sendo executadas. O controle do desempenho visa ao alcance da eficiência no cotidiano das operações.
- *Controle dos resultados*: isto é, o controle que se realiza após as operações para verificar se elas alcançaram os resultados esperados. O controle dos resultados visa ao alcance da eficácia nos objetivos pretendidos.

Se o controle em sua amplitude apresenta essas características, o controle da produção, em particular, segue o mesmo caminho. É o que veremos a seguir.

Conceito de controle da produção

O controle da produção (CP) é a última fase do PCP, que acompanha, avalia e regula as atividades produtivas, para mantê-las dentro do que foi planejado e assegurar que atinjam os objetivos pretendidos.

Após a elaboração do plano de produção e emitidas as ordens e liberados os recursos, todas as unidades produtivas e as unidades de assessorias devem funcionar de maneira coordenada para a execução do plano e o alcance dos objetivos. O sistema produtivo deve funcionar integradamente. Para tanto, ele precisa ser controlado a fim de que se assegure que aquilo que foi planejado está sendo executado e que os objetivos pretendidos estão sendo alcançados. Trata-se de garantir a eficiência e a eficácia do sistema.

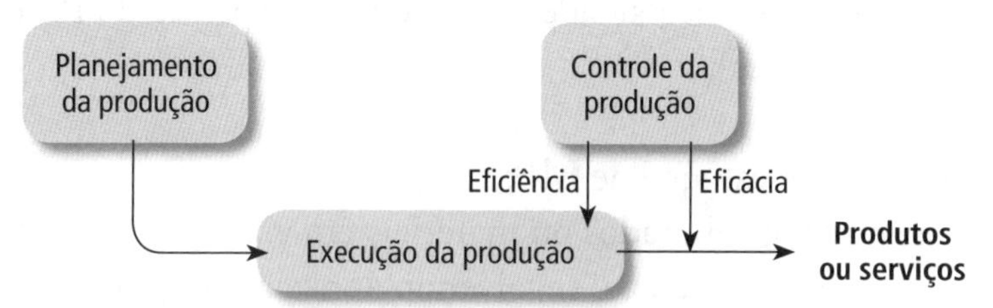

Figura 5.1 – O controle como garantia da eficiência e eficácia.

Como já apontado, a eficiência está relacionada com a execução da produção, com os métodos e processos aplicados e com a utilização dos recursos produtivos, enquanto a eficácia está relacionada com os objetivos desejados, isto é, com a quantidade e qualidade dos produtos/serviços produzidos pelo sistema.

Finalidades do controle da produção

Como a última fase do PCP, o CP apresenta as seguintes finalidades:

- Avaliar e monitorar continuamente a atividade produtiva da empresa.
- Comparar o programado e o realizado.
- Apontar falhas, erros ou desvios.

- Elaborar relatórios para a direção da empresa.
- Informar outras seções sobre o andamento das atividades produtivas.

O CP procura acompanhar e verificar, isto é, monitorar, os seguintes aspectos críticos do processo produtivo da empresa:

- Previsão de vendas e suas possíveis variações;
- Planejamento da capacidade de produção;
- Plano de produção;
- Lista de materiais que compõem os produtos/serviços;
- Planejamento das necessidades de materiais (explosão do PA em partes e componentes);
- Compras;
- Almoxarifado e estoque de MP;
- Estoque de semielaborados ou materiais em vias;
- Programação da produção, envolvendo aprazamento, roteiro, emissão de ordens e liberação da produção;
- Depósito e estoque de PA.

Desafios do CP

Os principais problemas que podem ocorrer no processo produtivo são os seguintes: escassez ou excesso de estoque de MP, escassez ou excesso de estoque de semielaborados ou materiais em vias, escassez ou excesso de estoque de PA, excesso de produtos defeituosos, atraso nos prazos de produção e de entrega ao cliente, custos de produção excessivamente altos, ciclo de produção demasiadamente longo, interrupções no ciclo de produção por falta de MP ou componentes e pouca flexibilidade na utilização da capacidade de produção.

As medidas de desempenho que o CP utiliza para avaliar o sistema de produção são os seguintes: rotação dos estoques de MP, prazos de entrega dos PA, porcentagem de OP não cumpridas por falta de MP e utilização da capacidade instalada.

Assim, as finalidades do CP são amplas e cobrem todo o funcionamento do processo produtivo e das unidades direta e indiretamente relacionadas com ele.

Fases do controle da produção

Da mesma forma como ocorre com o controle em geral, o CP apresenta quatro fases distintas:

- *Estabelecimento de padrões*: é a primeira fase do CP, que estabelece os padrões ou critérios de avaliação ou comparação. Um padrão é uma norma ou um critério que serve de base para a avaliação ou comparação de alguma coisa. Existem quatro tipos de padrões:
  a) *Padrões de quantidade*: como volume de produção, quantidade de estoque de MP ou de PA, número de horas, capacidade de produção etc.
  b) *Padrões de qualidade*: como controle de qualidade (CQ) de MP recebida, CQ da produção, especificações do produto etc.
  c) *Padrões de tempo*: como tempo-padrão para produzir um determinado produto, tempo médio de estoque de determinada MP etc.
  d) *Padrões de custo*: como custos de produção, custos de vendas, custos de estocagem etc.
- *Avaliação do desempenho*: é a segunda fase do CP e visa avaliar o que está sendo feito, monitorando e acompanhando.
- *Comparação do desempenho com o padrão estabelecido*: é a terceira fase do CP, que compara o desempenho com o que foi estabelecido como padrão de comparação, para verificar se há desvio ou variação, isto é, se há erro ou falha em relação ao desempenho desejado.
- *Ação corretiva*: é a quarta e última fase do CP, que procura corrigir o desempenho para adequá-lo ao padrão desejado.

As quatro fases do CP podem ser assim representadas:

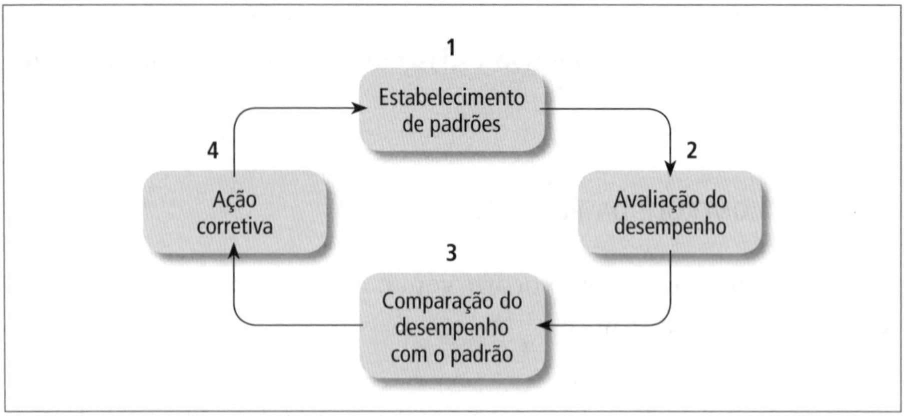

Figura 5.2 – O controle como um processo cíclico.

Na realidade, o controle é um processo cíclico e repetitivo. À medida que ele se repete, a tendência é fazer com que as coisas controladas se aperfeiçoem e reduzam seus desvios em relação aos padrões desejados.

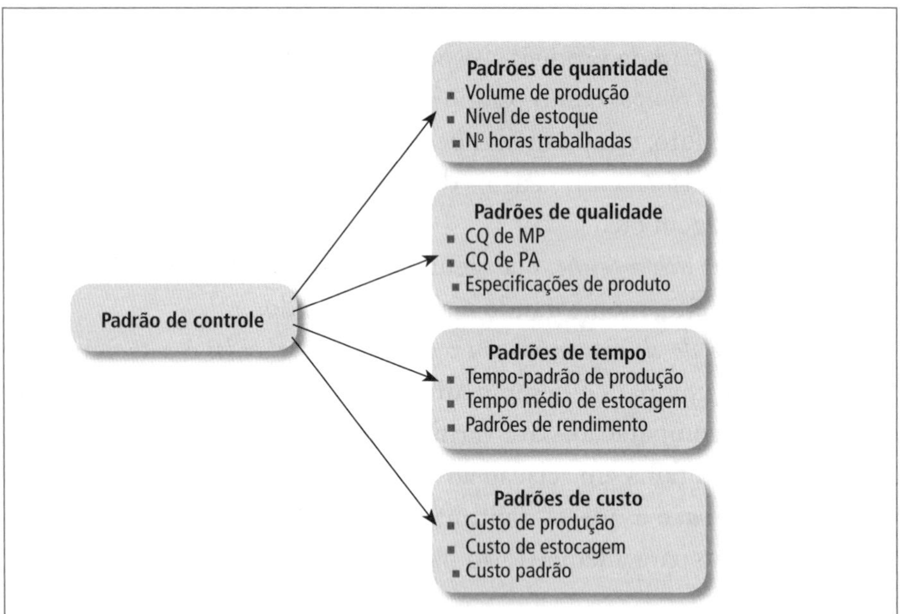

Figura 5.3 – Os padrões de controle.

Com o passar do tempo e com os repetidos ciclos de produção, a tendência do CP é conseguir gradativamente o aperfeiçoamento do processo produtivo, principalmente quando se trata do sistema de produção contínua e em lotes, já que o sistema de produção por encomenda nem sempre proporciona repetitividade e regularidade no processo produtivo.

Métodos de controle da produção

O CP utiliza uma variedade de métodos para acompanhar e monitorar as atividades de produção, a saber: controle visual, controle total, controle por amostragem, controle por exceção e autocontrole.

Vejamos cada um deles:

- *Controle visual*: embora pouco valorizado na teoria, é na prática o método de controle mais utilizado. Nas pequenas e médias empresas, é comum a utilização do controle visual para avaliar a carga de máquinas e o volume de material a ser trabalhado em cada máquina.
- *Controle total*: é o controle global, mais amplo e abrangente. Como o próprio nome indica, ele envolve todos os itens, para comparar a quantidade programada e a quantidade realizada. Tem a vantagem de assegurar o controle contínuo de todos os itens, porém deve ter a praticidade suficiente para não tomar demasiado tempo e não custar caro.
- *Controle por amostragem*: é um controle parcial, feito por meio de amostras escolhidas ao acaso, isto é, aleatoriamente. Trata-se, portanto, de um controle que utiliza a técnica estatística de amostragem. Consiste em verificações sistemáticas ou ocasionais de determinados itens.
- *Controle por exceção*: é baseado no princípio da exceção. É feito sobre os desvios ou discrepâncias, sobre os erros ou falhas, sobre as exceções ou anormalidades que ocorrem. Assim, tudo o que ocorre de acordo com o planejamento não é controlado; apenas aquilo que se desvia dos padrões esperados. Todas as comparações são feitas, mas o controle somente se concentra naquilo que escapa do previsto ou planejado. Inte-

ressa controlar apenas os itens excepcionais, para não dispersar a atenção do controlador por todos os itens que funcionam normalmente.

- *Autocontrole*: é um controle efetuado pelo próprio órgão envolvido na execução do que foi planejado e programado, e não por terceiros. Os dados são preparados, e a comparação dos itens realizados com o que foi programado é feita pelos próprios responsáveis pela execução. A vantagem do autocontrole é conscientizar e responsabilizar cada área pela ação corretiva, quando necessária, e nunca depender de um órgão estranho para fazê-lo.

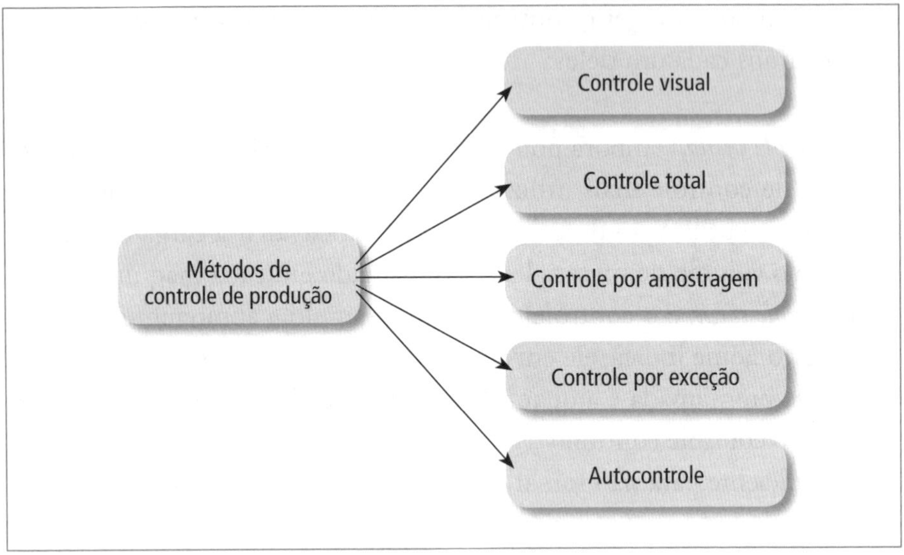

Figura 5.4 – Os principais métodos de CP.

Principais tipos de controle da produção

O CP pode utilizar quatro tipos principais de controle, a saber: controle do plano de produção, controle das quantidades produzidas, controle dos estoques e controle das datas de término. Vejamos rapidamente cada um deles.

Controle do plano de produção

É um dos principais tipos de controle. Na realidade, trata-se de um macrocontrole, ou seja, de um controle ampliado e de grande magnitude. O controle do plano de produção geralmente é feito com base nos seguintes índices:

- *Índice de eficiência*: compara o número de horas previstas com o número de horas trabalhadas para executar o plano de produção.

$$\text{Índice de eficiência} = \frac{\text{N}^{\underline{\text{o}}} \text{ de horas previstas}}{\text{N}^{\underline{\text{o}}} \text{ de horas trabalhadas}}$$

Quando igual ou maior do que 1, o índice de eficiência mostra sucesso na execução do plano de produção, a menos que este tenha previsto exageradamente um número de horas trabalhadas desnecessárias para sua execução.

- *Coeficiente de utilização de mão de obra*: compara o número de horas aplicadas à encomenda (quando o sistema é de produção por encomenda), ao lote (quando o sistema é de produção por lotes) ou ao plano anual ou mensal (quando o sistema é de produção contínua) com o número de horas totais de mão de obra.

$$\text{Coeficiente de utilização de mão de obra} = \frac{\text{N}^{\underline{\text{o}}} \text{ de horas aplicadas ao lote}}{\text{N}^{\underline{\text{o}}} \text{ de horas totais de mão de obra}}$$

Esse índice permite estabelecer a porcentagem das horas de mão de obra (MO) aplicada à encomenda ou ao lote sobre o total de horas de MO, quando o seu resultado é multiplicado por 100. Sua vantagem é facilitar os cálculos e as comparações da porcentagem de MO que foi dedicada à encomenda ou ao lote.

- *Coeficiente de utilização do equipamento*: é basicamente o mesmo índice utilizado para MO.

$$\text{Coeficiente de utilização do equipamento} = \frac{\text{N}^{\underline{o}} \text{ de horas aplicadas ao lote}}{\text{N}^{\underline{o}} \text{ de horas totais do equipamento}}$$

Tal como o índice anterior, permite comparar a porcentagem de aplicação do equipamento produtivo com diversos lotes ou encomendas, quando o resultado for multiplicado por 100.

- *Coeficiente de tempo utilizado*: permite comparar o tempo previsto com o tempo gasto na execução do plano de produção.

$$\text{Coeficiente de tempo utilizado} = \frac{\text{Tempo previsto}}{\text{Tempo gasto}}$$

- *Gráficos de Gantt e de montagem*: da mesma forma como foram utilizados para o planejamento, os gráficos de Gantt e de montagem podem ser utilizados para o CP. No mesmo gráfico de planejamento, em que está anotado o esquema planejado (com uma linha cheia ou com uma determinada cor), anota-se que realmente foi executado (com uma linha pontilhada ou com outra cor). A comparação visual das duas linhas permite identificar rapidamente o que aconteceu.

O controle do plano de produção pode ser feito no decorrer da sua execução ou no final, quando estiver totalmente terminado. A aplicação no decorrer da execução é a mais indicada por mostrar de forma gradativa os passos executados e como estão se desenvolvendo em relação ao que foi planejado.

Controle das quantidades produzidas

É um controle efetuado *a posteriori*, isto é, depois que terminou o processo produtivo. Serve para verificar o que foi produzido em relação a alguns aspectos principais do processo produtivo. Os principais indicadores ou métricas do processo produtivo são:

- *Índice das quantidades produzidas*: compara as quantidades programadas em relação às quantidades produzidas:

$$\text{Índice das quantidades produzidas} = \frac{\text{N}^{\underline{o}} \text{ de unidades produzidas}}{\text{N}^{\underline{o}} \text{ de unidades programadas}}$$

- *Índice de qualidade*: é utilizado para controlar a qualidade dos produtos produzidos e verificar a porcentagem de peças refugadas ou defeituosas em relação à quantidade de peças produzidas.

$$\text{Índice de qualidade} = \frac{\text{Unidades refugadas ou defeituosas}}{\text{Unidades produzidas x 100}}$$

- *Índice de utilização da matéria-prima*: permite comparar a quantidade de MP utilizada em relação à quantidade de MP prevista no plano de produção.

$$\text{Índice de utilização da MP} = \frac{\text{Quantidade de MP prevista}}{\text{Quantidade de MP utilizada}}$$

- *Índice de cumprimento das ordens*: compara as ordens cumpridas com as não cumpridas, por motivos de falta de MP ou de MO ou por manutenção de equipamento.

$$\text{Índice de cumprimento de ordens} = \frac{\text{Ordens não cumpridas x 100}}{\text{Ordens cumpridas}}$$

Quando o resultado desse índice é multiplicado por 100, é possível identificar a porcentagem das ordens não cumpridas sobre as cumpridas.

Controle de estoques

O CP procura continuamente controlar os estoques – de MP, de materiais em vias, de PA – durante todo o processo produtivo. O controle de estoques será devidamente estudado no próximo capítulo. O principal índice utilizado para o controle de estoque é o índice de rotação de estoques.

- ✓ *Índice de rotação de estoques*: mostra como cada item de estoque se movimenta no decorrer de um determinado período de tempo.

$$\text{Índice de rotação de estoque} = \frac{\text{N}^{\underline{o}} \text{ de entradas} + \text{N}^{\underline{o}} \text{ de saídas} \times 100}{\text{Estoque médio do item}}$$

Quando o índice de rotação de estoque foi maior do que 100, ele mostra que o item girou ou rodou mais de uma vez em relação ao estoque médio no período. Se, por exemplo, o índice for 400, isso significa que o item rodou ou girou quatro vezes o seu estoque médio naquele período de tempo.

Controle das datas de término

É o controle necessário para verificar se os prazos de produção foram ou não cumpridos. O controle das datas de término pode ser feito de forma simples, por meio do arquivamento das fichas por datas de término ou por fichas de entrega.

Na realidade, há uma infinidade de meios para controlar a produção. A criatividade, nesse aspecto, pode ser muito útil para as empresas. Apenas procuramos citar os métodos e tipos mais utilizados de CP na prática.

Quadro 5.1 – Os principais tipos de CP.	
Controle do plano de produção	Índice de eficiência. Coeficiente de utilização de MO. Coeficiente de utilização do equipamento. Coeficiente de tempo utilizado. Gráfico de Gantt. Gráfico de montagem.
Controle das quantidades produzidas	Índice de quantidades produzidas. Índice de qualidade. Índice de utilização de MP. Índice de cumprimento de ordens.
Controle do estoque	Índice de rotação de estoque.
Controle das datas de término	Arquivos de fichas por data de término. Arquivos de fichas de entrega.

Quais são os controles de produção mais importantes?

A resposta é simples e mesmo simplória. Depende das circunstâncias e dos objetivos pretendidos. Se a empresa está preocupada com quantidades e volumes, o índice das quantidades produzidas é essencial. Mas, se a empresa está preocupada com qualidade, então o índice de qualidade deve ser pinçado. Se a empresa se preocupa com eficiência do processo produtivo, deve buscar o índice de utilização da matéria-prima, o índice de cumprimento das ordens e o índice de rotação de estoques. Na verdade, todos os índices são importantes, e o segredo está em saber utilizá-los no conjunto.

Questões para revisão

1) Quais são os significados da palavra controle?
2) Conceitue o controle como função administrativa.
3) Qual é a tarefa do controle?
4) Quais são as finalidades do controle?

5) Conceitue controle da produção.
6) Relacione CP com eficiência e com eficácia.
7) Quais são as finalidades do CP?
8) Quais são os aspectos críticos do processo produtivo monitorado pelo CP?
9) Quais são os aspectos problemáticos que podem ocorrer no processo produtivo?
10) Quais são as fases do CP?
11) Conceitue o estabelecimento de padrões.
12) Quais são os tipos de padrões? Exemplifique-os.
13) Conceitue avaliação do desempenho.
14) Conceitue comparação do desempenho com o padrão estabelecido.
15) Conceitue ação corretiva.
16) Conceitue o controle como um processo cíclico e repetitivo.
17) Quais são os métodos de CP?
18) O que é controle visual?
19) O que é controle total?
20) O que é controle por amostragem?
21) O que é controle por exceção?
22) O que é autocontrole?
23) Quais são os principais tipos de CP?
24) Quais são os principais controles do plano de produção?
25) Explique o índice de eficiência.
26) O que é coeficiente de utilização de MO?
27) O que é coeficiente de utilização de equipamento?
28) Qual é a utilidade do gráfico de Gantt no CP?
29) Qual é a utilidade do gráfico de montagem no CP?
30) Quais são os principais controles das quantidades produzidas?
31) Explique o índice das quantidades produzidas.
32) Explique o índice de qualidade.
33) Explique o coeficiente de utilização da MP.
34) Quais são os principais controles de estoque?
35) Explique o índice de rotação de estoques.

36) Explique o índice de ordens cumpridas.

37) Quais são os principais controles das datas de término?

Exercícios

1) Imagine que o diretor da escola em que você estuda ou da empresa onde trabalha lhe solicite um plano sobre como fazer o controle da produção de todas as atividades escolares ou da empresa, ao longo de todo um ano. Que tipo de esboço você lhe apresentaria como plano geral?

2) Como você montaria os índices e coeficientes relativos ao plano de produção? Como os adaptaria à realidade escolar ou da empresa?

3) Como você montaria os índices para controlar as quantidades produzidas? Como os adaptaria à realidade escolar ou da empresa?

Capítulo 6

Controle de estoques

Tópicos deste capítulo

- Introdução
- Conceito de estoque
- Tipos de estoque
- Sistemas de controle de estoques
- Fichas de estoque
- Classificação de estoque
- Dimensionamento de estoque
- Logística
- Cadeia de suprimentos
- Questões para revisão
- Exercícios

Introdução

Todo sistema depende de insumos ou entradas que procedem do seu meio externo para poderem funcionar. Esses insumos ou entradas são processados pelos diversos subsistemas e transformados em saídas ou resultados (produtos ou serviços) que retornam ao meio externo. A eficiência do sistema consiste em manter uma relação viável de entradas/saídas. Muitas vezes, o sistema perde eficiência quando seus insumos ou entradas tardam a chegar, por qualquer motivo, acarretando paradas ou esperas dos subsistemas. Mas o sistema que tem mais entradas do que saídas, ou seja, o sistema que acumula insumos por receio de retardar por falta deles, também perde eficiência, pois tem excesso de recursos não utilizados. Assim, a escassez ou excesso de insumos ou entradas constituem extremos que devem ser evitados em qualquer sistema de produção.

Da mesma forma, o sistema cujas saídas não atendem às necessidades do meio externo perde eficácia. E quando suas saídas são maiores do que a demanda do meio externo, elas tendem a ficar retidas dentro do sistema ou em sua periferia, aguardando o momento de serem liberadas.

Como sistemas abertos, as empresas procuram continuamente manter níveis de estoque de MP adequados às suas necessidades e níveis de estoque de PA às do meio externo.

O estoque da empresa está geralmente localizado no almoxarifado (MP), no depósito final (PA) e em processamento no subsistema de produção (materiais em processamento ou materiais semiacabados).

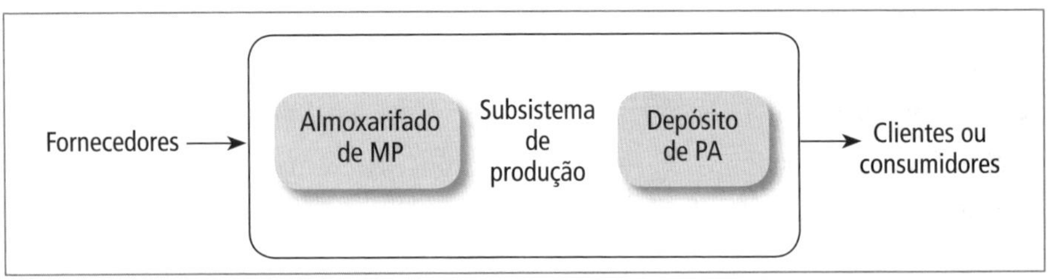

Figura 6.1 – O almoxarifado, o subsistema de produção e o depósito como fontes de estoque.

Uma empresa com baixos níveis de estoque de MP corre o risco constante de parar toda vez que algum fornecedor atrasa as entregas. Por sua vez, uma empresa com elevados níveis de estoque de MP talvez esteja perdendo dinheiro inutilmente ao empatar seu capital e abarrotar seus espaços internos e externos com MP sem utilização imediata. O controle de estoques procura manter os níveis de estoque em proporções adequadas e de acordo com limites razoáveis às necessidades da empresa e às demandas do mercado.

CONCEITO DE ESTOQUE

Estocar significa guardar algo para utilização futura. Se a utilização for muito remota no tempo, seu armazenamento irá se tornar prolongado: ocupa espaço alugado ou comprado, requer pessoal para guardar, significa capital empatado, precisa ser segurado contra incêndio ou roubo etc. Em outras palavras, ter estoque é ter despesas de estocagem. Porém, se a utilização for imediata, provavelmente não haverá tempo para estocar, o que pode acarretar parada na produção, caso ocorra qualquer atraso no fornecimento da matéria-prima. As duas situações extremas são indesejáveis e devem ser evitadas. O segredo está em conhecer o meio-termo e aplicá-lo a todos os itens de estoque.

Item de estoque é qualquer matéria-prima, material, componente, ferramenta ou produto acabado. Quanto mais complexo ou diversificado for o produto final, tanto maior será a diversidade de itens estocados e mais complicado o seu controle. Fornecedor é a empresa que produz ou comercializa os insumos necessários para o processo produtivo da empresa. O suprimento ou fornecimento constitui o ato de proporcionar a entrada dos insumos ou itens necessários ao funcionamento da empresa.

As finalidades do estoque são as seguintes:

- *Garantir o funcionamento da empresa*, neutralizando os efeitos de demora ou atraso no fornecimento, sazonalidade no suprimento e riscos ou dificuldades no fornecimento.
- *Proporcionar economias de escala* por meio da compra ou produção de lotes econômicos e pela flexibilidade nos processos produtivos.

A responsabilidade pelo estoque se dilui por toda a empresa e por quase todos os níveis hierárquicos de sua administração. A direção quase sempre se preocupa apenas com o volume global de estoques, sem se ater a detalhes sobre o estoque específico de cada item, salvo se este for realmente estratégico para o negócio da empresa. Cabe aos gerentes e chefes a responsabilidade do controle específico de cada item de estoque.

Tipos de estoque

Os estoques não ficam apenas no almoxarifado (MP) ou no depósito (PA). Eles se distribuem também pelas diversas unidades produtivas, na medida em que as MP estão sendo processadas e transitam de uma unidade ou seção para outra, como materiais semiacabados (partes do produto) e como materiais acabados (que são os componentes que depois de montados serão os PA). Assim, em uma ponta temos a MP em vias de processamento, os materiais em processamento e os materiais semiacabados, e na outra ponta o PA.

Assim, existem cinco tipos de estoque: de MP; de materiais em processamento ou em trânsito de uma unidade ou seção para outra; de materiais semiacabados, isto é, estocados após algumas operações e que serão transformados em um ou mais produtos; de materiais acabados ou componentes, que são peças isoladas e resultados de submontagens; e de PA.

A Figura 6.2 mostra os tipos de estoque em uma empresa fictícia.

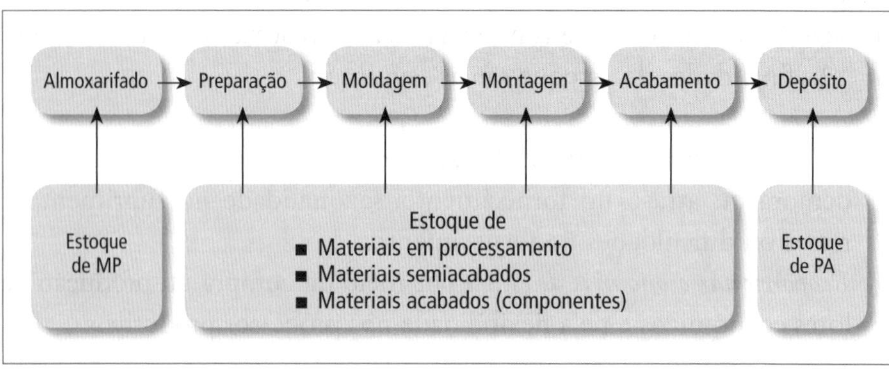

Figura 6.2 – Tipos de estoque.

Além do estoque inicial (MP) e do estoque final (PA), existem estoques intermediários, também denominados estoques em trânsito ou materiais em vias. As ordens comandam a movimentação ou o fluxo dos materiais estocados em todas essas situações. Como vimos anteriormente, a movimentação dos materiais dentro da empresa é feita por meio de ordens: OC (ordem de compra), RM (requisição de materiais), OP (ordem de produção) e OM (ordem de montagem).

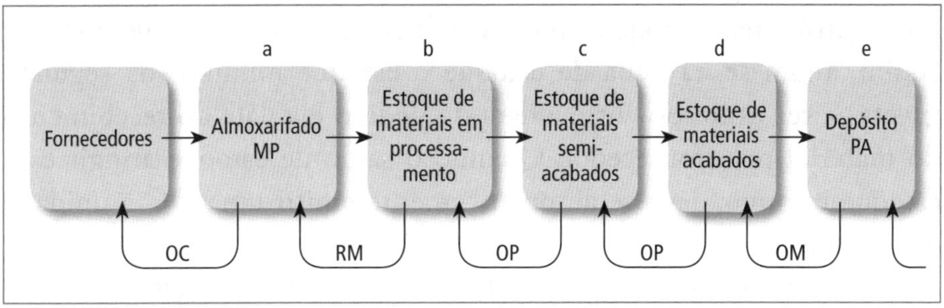

Figura 6.3 – A movimentação de materiais.

Como os estoques representam um enorme capital empatado pela empresa para garantir seu funcionamento, eles precisam ser devidamente controlados.

Sistemas de controle de estoques

Existem vários sistemas de controle de estoques, cada qual com características próprias, vantagens e limitações. No entanto, três sistemas básicos se destacam: sistema de duas gavetas ou de estoque mínimo, de renovação periódica e de estoque para fim específico.

Sistema de duas gavetas ou de estoque mínimo

Esse sistema baseia-se no critério de guardar o material em duas gavetas (ou em dois lotes separados): usa-se o material da primeira gaveta; quando esse material acabar e for necessário usar o da segunda gaveta, está na hora de fazer um pedido de renovação de estoque. A quantidade de material da segunda gaveta deve ser suficiente para durar até o recebimento do pedido de renovação. A denominação estoque mínimo serve para designar a separação entre as duas gavetas, isto é, entre as duas partes do estoque. Essa separação não é feita fisicamente, mas apenas registrada na ficha de estoque, como ponto de separação entre um e outro lote: o estoque em uso e o de segurança ou estoque mínimo. Assim, anota-se na ficha de estoque o estoque mínimo (da segunda gaveta) a ser utilizado entre a data do pedido e a data do recebimento do material pelo fornecedor. Quando o saldo de estoque atingir esse estoque mínimo, deve-se automaticamente emitir uma OC à unidade de compras.

Casos práticos de utilização do sistema de duas gavetas podem ser rapidamente exemplificados. Quando o almoxarifado estoca peças na prateleira, pode utilizar um envelope plástico (segunda gaveta) com algumas peças adicionais e um cartão de identificação. Quando acabarem as peças da prateleira, o envelope é aberto e envia-se o cartão à unidade de compras, como se fosse uma OC. Quando o material é estocado a granel, pode-se colocar uma marca a fim de separar a primeira da segunda gaveta na pilha de cada item. Quando se chegar à marca, está na hora de renovar o estoque e emite-se uma OC.

As vantagens do sistema de duas gavetas ou de estoque mínimo residem no fato de ser facilmente compreendido e de permitir um rápido levantamento do estoque físico.

As desvantagens, no entanto, estão na individualização de cada item do estoque, o que impede uma visão geral de todos os itens estocados. Cada item deve ter uma ficha de estoque e ser controlado independentemente dos demais itens de estoque. Isso faz com que as compras também sejam individualizadas por item e se perca a oportunidade de desconto nas compras globais e de redução no custo do transporte dos materiais. O sistema fica complicado quando um item é estocado em diferentes locais. Nesse caso, faz-se a redistribuição da primeira gaveta entre as diferentes seções, e a segunda gaveta permanece com o controle centralizado.

Sistema de renovação periódica

É o sistema de controle de estoques em que a renovação é feita em períodos de tempo previamente estabelecidos. É o período ou intervalo de tempo que define a renovação do estoque. Cada item de estoque tem o seu período de tempo calculado para minimizar o custo de estocagem. A quantidade a ser comprada ou requisitada deve ser suficiente para suportar a demanda até o recebimento do pedido seguinte. Quando houver incerteza sobre a demanda interna ou sobre o prazo de entrega do fornecedor, deve-se manter um estoque de reserva. Cada item tem a sua demanda interna, o seu prazo de renovação ou reposição, o seu custo de estocagem e sua obsolescência. Apesar dessas diferenças, é comum a adoção de períodos iguais para um grande número de itens em estoque, a fim de simplificar as compras, permitir a compra simultânea de diversos itens e obter condições vantajosas de compra e de transporte do material.

A vantagem do sistema é renovar periodicamente os itens estocados. Quando a renovação periódica é semanal ou mensal, torna-se fácil analisar os índices de rotação de estoque, a utilização de cada item e fazer as devidas comparações.

A desvantagem desse sistema é que ele não permite avaliar se os estoques estão realmente no seu nível mais econômico.

Sistema de estoque para fim específico

Esse sistema é também chamado de controle de materiais, para ser diferenciado dos dois sistemas de controle de estoque anteriormente citados e que costumam ser denominados controles de estoques.

É o sistema de controle de estoque mais individualizado. É geralmente utilizado para atender a um plano de produção específico (como no sistema de produção por encomenda) ou especificamente a uma OP ou RM (como no sistema de produção em lotes).

Algumas indústrias que trabalham com o sistema contínuo ou por lotes estabelecem antecipadamente seus programas de produção por vários meses. Essa programação é imutável nos seis ou doze meses do período e pode ter uma projeção mutável para o período posterior. Por causa dessa programação por períodos relativamente longos no tempo, é comum a utilização do sistema de estoque para um fim específico. A programação de recebimento de materiais deve ser coerente com essa programação de produção. Em outras palavras, a programação da produção é transformada em programas de recebimento de materiais, de acordo com as listas de materiais que compõem o PA, e encaminhada à unidade de compras.

Fichas de estoque

A ficha de estoque (FE) é um documento que serve para controlar e analisar o estoque de cada item. Há uma enorme variedade de FE, com diferentes tipos e informações. Existem também inúmeros esquemas que visam facilitar seu uso, como tambores rotativos, fichários móveis, kardex, quadros, sistemas de informação computadorizados com terminais distribuídos, utilização de código de barras etc. Cada empresa define suas FE de acordo com suas necessidades específicas. Porém, as principais informações que uma FE deve possuir são as seguintes: disponibilidade do item, valor monetário do estoque e custo de cada item, rotatividade do estoque pelas emissões de pedidos de reposição e identificação de desvios ou perdas de material.

As informações contidas na FE podem ser exemplificadas da seguinte maneira:

- *Identificação do item*:
  a) nome;
  b) número ou código;
  c) especificação ou descrição;
  d) unidade de medida (metro, quilo, unidade etc.);
  e) tipo de utilização (a que se destina).

- *Controle do item*:
  a) lote mínimo;
  b) lote econômico;
  c) utilização mensal (demanda);
  d) número de dias para atendimento do pedido de renovação;
  e) fornecedores;
  f) preço unitário;
  g) porcentagem de perda ou rejeição.
- *Movimentação do estoque do item*:
  a) pedidos de reposição já feitos;
  b) recebimentos de material;
  c) reservas de material;
  d) retiradas de material.
- *Saldo de estoque do item*:
  a) saldo em estoque (quantidade existente no almoxarifado);
  b) saldo disponível (quantidade no almoxarifado não reservada + quantidade encomendada e ainda não recebida);
  c) saldo das encomendas (quantidade total encomendada e ainda não recebida do fornecedor);
  d) saldo das reservas (quantidade total reservada e não retirada).
- *Custo e valor do estoque do item*:
  a) custo unitário de cada entrada;
  b) custo total;
  c) custo unitário médio;
  d) custo-padrão;
  e) custo unitário de cada saída;
  f) saldo monetário em estoque.

As FE podem ter quatro níveis de informações, a saber:

- *Nível 1*: inclui informação sobre entradas (material recebido), saídas (material entregue) e saldo em estoque (entradas – saídas), como indica a Figura 6.4.

Ficha de estoque

Nome do item: ______________________ Unidade: __________

Código do item: ______________ Observações: ______________

Data	Documento	Entradas	Saídas	Saldo em estoque

Figura 6.4 – Ficha de estoque com nível 1 de informação.

É o nível mais elementar e simples de FE. Porém, é o mais frequentemente encontrado. Seu nível de informação tem pouca utilidade para o PCP ou para o planejamento de compras, pois não permite análises mais profundas ou previsões sobre o futuro comportamento do item, a não ser que se proceda a uma exaustiva e trabalhosa computação de cada FE. O saldo em estoque de um determinado item pode ser aparentemente grande na FE, mas insuficiente para abastecer as OP que estão para chegar. Nesse nível, a FE não permite prever se haverá falta do item. Se o saldo em estoque for pequeno ou nulo, a FE também não indicará quando o material será recebido.

- *Nível 2*: inclui a informação sobre a quantidade de material encomendado, recebido, entregue e o saldo em estoque (ver Figura 6.5).

Ficha de estoque

Nome do item: ______________________ Unidade: __________

Código do item: ______________ Observações: ______________

Data	Documento	Encomendado	Entradas	Saídas	Saldo

Figura 6.5 – Ficha de estoque com nível 2 de informação.

O nível 2 de informação permite saber o volume do material encomendado e incluí-lo na programação da produção.

- *Nível 3*: inclui informação sobre a quantidade de material encomendado, recebido, saldo a receber reservado para operações específicas e o saldo em estoque.
- *Nível 4*: proporciona um sistema duplo que envolve as seguintes informações: quantidade de material encomendado, quantidade de material recebido, quantidade de material reservado, saldo disponível, saídas e saldo em estoque.

Ficha de estoque

Nome do item: ____________________ Unidade: __________

Código do item: ______________ Observações: ______________

Data	Encomendado	Recebido	Reservado	Disponível	Saídas	Saldo

Figura 6.6 – Ficha de estoque com nível 4 de informação.

A FE com informação em nível 4 proporciona excelente ajuda ao PCP e ao planejamento de compras, pois permite conhecer a quantidade de material encomendado, recebido, reservado e disponível, além das saídas e do saldo de estoque (o qual nem sempre está disponível).

No passado, as FE ficavam localizadas nas prateleiras do almoxarifado, junto aos itens controlados. Porém, o controle se tornava descentralizado e ineficiente, além de trabalhoso, pois exigia um levantamento em todas as dependências do almoxarifado para se ter uma ideia do nível geral de estoques. Modernamente, o fichário de estoque fica fora do almoxarifado e centralizado em algum sistema informacional, de preferência no âmbito do controle de produção.

Periodicamente, deve-se verificar se o saldo da FE corresponde ao saldo que realmente existe no almoxarifado. Existem três maneiras de proceder a essa verificação periódica:

- *Verificação completa no fim de cada exercício anual ou semestral.* Trata-se de uma contagem minuciosa ou balanço físico que geralmente leva o nome de inventário. Essa contagem física exige a paralisação das atividades e o trabalho intensivo de todo o pessoal.
- *Verificação contínua no decorrer do ano*, procedendo-se à contagem de alguns itens por dia ou por semana.
- *Verificação dos itens que têm um pedido de reposição ou renovação.* É o tipo de verificação mais indicado, por não levar a grandes diferenças que se somam e acumulam com o passar de longos períodos de tempo.

Classificação de estoque

Os estoques são classificados segundo o volume de suas quantidades ou do seu valor monetário. Quase sempre um pequeno número de itens costuma corresponder à quase totalidade dos valores requisitados. Podemos agregar os itens de estoque conforme o valor requisitado em três classes:

- *Classe A*: é um pequeno número de itens que totaliza uma grande porcentagem do valor total requisitado. São os itens mais caros e importantes e que merecem um tratamento individual, pois, apesar de representarem uma pequena porcentagem dos itens, respondem por uma grande porcentagem do valor monetário total dos estoques.
- *Classe B*: corresponde aos itens intermediários entre as classes A e C. Esses itens merecem atenção individualizada pela sua relativa importância em face de uma razoável porcentagem do valor monetário total dos estoques.

- *Classe C*: refere-se a um grande número de itens baratos que totaliza uma pequena porcentagem do valor total requisitado. São os itens mais numerosos e menos importantes, pois respondem por uma pequena porcentagem do valor monetário total. Merecem pouca atenção individualizada e são tratados por sistemas automatizados.

Essa divisão em três classes é denominada Classificação ABC, a qual permite uma visualização específica dos itens mais importantes, dos menos importantes e dos intermediários. Para melhor visualizar a Classificação ABC, procede-se à montagem da Tabela 6.1, colocando-se em ordem sequencial de grandeza os itens, conforme seu valor requisitado no período do mês.

Tabela 6.1 – Classificação ABC de materiais.

Ordem de grandeza	Código do item	Valor requisitado no mês	Porcentagem do total	Valor requisitado acumulado	Porcentagem acumulada
1	I-0146	60.000	30%	60.000	30%
2	M-2235	40.000	20%	100.000	50%
3	I-0145	20.000	10%	120.000	60%
4	I-0144	10.000	5%	130.000	65%
5	M-2238	8.000	4%	138.000	69%
6	L-0022	8.000	4%	146.000	73%
7	I-0006	8.000	4%	154.000	77%
8	I-0009	4.000	2%	158.000	79%
9	M-2222	4.000	2%	162.000	81%
10	M-2233	4.000	2%	166.000	83%
11	M-2244	4.000	2%	170.000	85%
5.739	I-0002	40	0,02%	199.920	99,96%
5.740	I-0035	40	0,02%	199.960	99,98%
5.741	M-2201	20	0,01%	199.980	99,99%
5.742	M-2200	20	0,01%	200.000	100%
5.742 itens			Valor monetário total	200.000,00	

Com a Tabela 6.1, pode-se elaborar a Curva ABC por meio de um gráfico cartesiano, como segue:

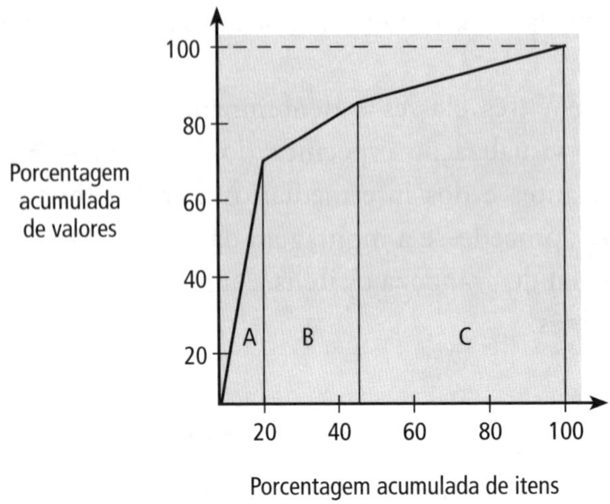

Figura 6.7 – A curva ABC.

A curva ABC permite uma visualização melhor da importância relativa dos itens das classes A, B e C.

Dimensionamento de estoque

Dimensionar estoque significa estabelecer o nível adequado que cada item deve ter em estoque. Esse nível é ótimo quando não é exagerado – a ponto de aumentar demais os custos de estocagem – nem muito baixo – a ponto de não poder atender às requisições. O nível ótimo busca minimizar os custos e, ao mesmo tempo, garantir a disponibilidade do material para atender às requisições.

O dimensionamento de estoque pode ser feito pela prática cotidiana ou por técnicas matemáticas.

Dimensionamento pela prática

É o dimensionamento baseado no bom senso e na própria experiência adquirida com o processo produtivo. Em geral, vale-se de regras de conduta e de tabelas de consulta. Pode apoiar-se em:

- *Sistema de duas gavetas ou do estoque mínimo*: nesse sistema, a quantidade do pedido de reposição (Q) é constante, enquanto o período de tempo (t) entre os pedidos de reposição é variável, pois é o estoque mínimo (Em) que determina a emissão de um novo pedido de Q unidades. A incógnita, portanto, é Em. Assim:

$$Em = Er + dt$$

em que: Em = estoque mínimo; Er = estoque de reserva; d = consumo médio; t = tempo médio de espera em dias entre o pedido e o recebimento do material.

Nesse caso,

$$Em = Er + Q/2$$

em que: Em = estoque médio; Q = quantidade do pedido de reposição.

- *Sistema de renovação periódica*: nesse sistema, o período de tempo é constante, enquanto a variável é a quantidade pedida em cada reposição (Q). A incógnita é Q. Nesse caso:

$$Q = d + Er - Ee$$

em que: Q = quantidade de estoque; Ee = estoque disponível existente no dia do pedido.

- *Sistema de estoque para fim específico*: nesse sistema, a época da aquisição e da quantidade do pedido depende do conhecimento da demanda específica do produto final que se tem em mente.

Dimensionamento por técnicas matemáticas

Embora haja uma grande variedade de técnicas matemáticas para o dimensionamento de estoque, será utilizado aqui apenas o cálculo do lote econômico. O princípio do lote econômico se aplica tanto à compra (lote econômico de compra) quanto à produção (lote econômico de produção). A quantidade a ser comprada em cada reposição (ou produzida em cada lote) influencia de maneira inversa dois custos, a saber:

- *Custo de obtenção ou de preparação (CO)*: é o custo ligado diretamente ao número de pedidos de reposição de estoque. Quanto maior for o número de pedidos de reposição, maior será o trabalho para a unidade de compras, para o transporte do material, para o recebimento e inspeção do material recebido, para os lançamentos contábeis etc., e, portanto, maior o custo de preparação. Quando os lotes de compra são maiores, tanto menor será o custo de preparação.
- *Custo de armazenagem (CA)*: é o custo ligado diretamente à quantidade estocada. Quanto maiores forem os lotes de compra, tanto maior será o estoque médio, maiores os juros sobre o capital investido em estoque, maior o aluguel do espaço do almoxarifado, maior o trabalho de mão de obra, maior o custo do seguro contra roubo ou incêndio, perdas por deterioração etc. e, portanto, maiores os custos de armazenagem.

Esses dois custos funcionam de maneira inversa, como mostra a Figura 6.8.

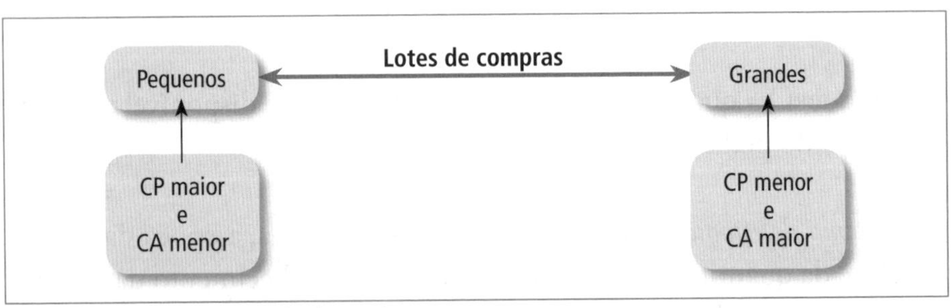

Figura 6.8 – A influência dos lotes de compra.

O cálculo do lote econômico ou da quantidade econômica de compra procura reduzir ao máximo tanto o CP como o CA. Seja D a demanda anual (ou periódica) em unidades de um item. O lote econômico ou a quantidade econômica (LE) poderá ser calculado por meio da seguinte equação:

$$LE = \sqrt{\frac{CP \times D}{CA}}$$

Com essa equação, pode-se calcular a quantidade ou lote econômico de compra, principalmente dos itens das classes A ou B. Porém, à medida que a demanda de um item muda, deve-se proceder ao recálculo do lote econômico de compra.

Logística

A logística envolve o conjunto de todas as atividades relacionadas com movimentação e armazenagem necessárias para facilitar o fluxo de materiais, desde o ponto de aquisição dos materiais até o de consumo final, bem como todo o fluxo de informações necessário para colocar os materiais em movimento em uma rapidez e custo razoáveis. A logística está focada na entrega dos materiais no ponto certo, ao menor custo e no menor prazo, sem prejuízo das condições de qualidade.

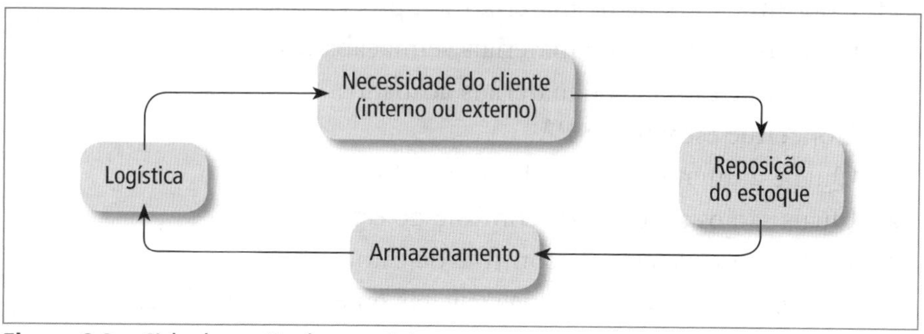

Figura 6.9 – Ciclo da gestão de materiais.

Cadeia de suprimentos

Também denominada *supply chain management* (SCM), é uma ferramenta que, pela tecnologia da informação (TI), permite que a empresa gerencie a sua cadeia de suprimentos com eficiência e eficácia, e alcance padrões de competitividade. Trata-se, pois, de um sistema que envolve processos de logística que vão desde a entrada de pedidos de clientes até a entrega do produto no seu destino final. Com a ajuda da computação, o SCM integra e relaciona fluxos de informações, documentos, insumos, matérias-primas, informações, meios de transporte, tempo etc., além de proporcionar indicadores de desempenho que permitem o controle de resultados, como velocidade na execução dos processos, tempo de chegada ao sistema produtivo (quando se tratar de insumos) ou tempo de chegada ao mercado (quando se tratar de PA), nível de serviço e custos compatíveis.

Questões para revisão

1) Conceitue estoque.
2) Quais são as vantagens e desvantagens de um estoque muito grande?
3) Quais são as vantagens e desvantagens de um estoque muito pequeno?
4) Quais são as finalidades do estoque?
5) Quais são os tipos de estoque? Explique-os.
6) Conceitue estoque de MP.
7) Conceitue estoque de materiais em processamento.
8) Conceitue estoque de materiais semiacabados.
9) Conceitue estoque de materiais acabados.
10) Conceitue estoque de PA.
11) Qual é a diferença entre almoxarifado e depósito?
12) Quais são os sistemas de controle de estoque?
13) O que é um sistema de controle de estoque?
14) Conceitue o sistema de duas gavetas ou estoque mínimo.
15) Quais são as vantagens do sistema de duas gavetas?

16) Quais são as desvantagens do sistema de duas gavetas?
17) Conceitue o sistema de renovação periódica.
18) Quais são as vantagens do sistema de renovação periódica?
19) Quais são as desvantagens do sistema de renovação periódica?
20) Conceitue o sistema de estoque para fim específico.
21) O que é ficha de estoque?
22) Quais são as informações básicas de uma FE?
23) Quais são os esquemas para facilitar o uso das FE?
24) Explique a FE com nível 1 de informação.
25) Explique a FE com nível 2 de informação.
26) Explique a FE com nível 3 de informação.
27) Explique a FE com nível 4 de informação.
28) Onde se deve localizar o fichário de estoque?
29) O que significa classificação de estoque?
30) Explique a Classificação ABC.
31) Quais são os itens que compõem a Classe A?
32) Quais são os itens que compõem a Classe B?
33) Quais são os itens que compõem a Classe C?
34) Como se monta uma Curva ABC?
35) O que significa dimensionar estoques?
36) O que significa dimensionamento ótimo de estoques?
37) Conceitue a solução prática de dimensionamento de estoques.
38) No sistema de duas gavetas, qual é a constante e qual a variável?
39) No sistema de duas gavetas, qual é a equação Em?
40) No sistema de renovação periódica, qual é o fato constante e qual a variável?
41) No sistema de renovação periódica, qual é a equação de Q?
42) O que significa lote econômico ou quantidade econômica?
43) Conceitue custo de preparação (CP).
44) Conceitue custo de armazenagem (CA).
45) Qual é a equação da quantidade econômica (LE)?
46) Explique a função da logística.
47) Conceitue a gestão da cadeia de suprimentos.

Exercícios

1) Na escola onde você estuda ou na empresa em que trabalha, faça uma visita ao almoxarifado e verifique como a ficha de estoque (FE) está elaborada. Explique qual é o nível de informação que ela contém. Quais são as suas sugestões para melhorá-la?
2) Faça um levantamento de todos os itens de estoque e prepare uma Classificação ABC.
3) Como é feito o dimensionamento de estoques no almoxarifado? Explique-o. Quais são as suas sugestões para melhorá-lo?
4) Qual é o sistema de controle de estoque utilizado pelo almoxarifado? Explique-o. Quais são as suas sugestões para melhorá-lo?

Referências bibliográficas

Burbidge, S.B. *Planejamento e controle da produção*. São Paulo: Atlas, 1983.

Chiavenato, I. *Introdução à teoria geral da administração*. Rio de Janeiro: Elsevier/Campus, 2004.

______. *Administração nos novos tempos*. Rio de Janeiro: Elsevier/Campus, 2005a.

______. *Administração da produção* – uma abordagem introdutória. Rio de Janeiro: Elsevier/Campus, 2005b.

______. *Recursos humanos*: o capital humano das organizações. São Paulo: Atlas, 2006.

Exame. "Melhores e maiores em 2007". *Exame*, São Paulo, ago. 2007.

Harding, H.A. *Administração da produção*. São Paulo: Atlas, 1997.

Kinnear, J. Creating a Pert network. In: Certo, S. C. *Management*: diversity, quality, ethics, and the global environment. Boston: Allyn & Bacon, 1994.

Leong, G.K.; Snyder, D.L.; Ward, P.T. Research in the process and contento of manufacturing. *Omega International Journal of Management Science*, v. 18, n.2, p.109-22, 1999.

Magee, J.F. *Planejamento da produção e controle de estoques*. São Paulo: Pioneira, 1987.

Magella, G. "Estoque zero não é coisa de japonês. Basta combinar direitinho com o fornecedor". *Portal Exame*, São Paulo, 9/5/1997. Disponível em: http://www.portalexame.abril.uol.com.br.

Martins, P.G.; Laugeni, F. P. *Administração da produção*. São Paulo: Saraiva, 2005.

Reis, D. A. *Administração da produção*. São Paulo: Atlas, 1988.

Scott, B. *Manufacturing planning systems*. Londres: McGraw-Hill, 1994.

Skinner, W. *Manufacturing*: the formidable competitive weapon. Nova York: John Wiley & Sons, 1985.

Slack, N. et al. *Administração da produção*. São Paulo: Atlas, 1997.

Swamidass, P.M. Manufacturing strategy: its assessment and practice. *Journal of Operations Management*, v.6, n.4, p.471-84, 1986.

Taleb, N.N. *The black swan*: the impact of the highly improbable. Nova York: Random House, 2007.

Vollmann, T.E.; Berry, W.L.; Caon, M. *Planejamento, programação e controle da produção*, MRP II/ERP. São Paulo: Atlas, 1997.

Wheelwright, S.C. Manufacturing strategy: defining the mission link. *Strategic Management Journal*, v.5, p.77-91, 1985.

Zaccarelli, S.B. *Programação e controle da produção*. São Paulo: Pioneira, 1979.

Índice remissivo

D

E

F

G

I

J

K

L

M

T